JN119487

編著……中野 真志・西野 雄一郎

資質・能力時代の 生活科

知性と社会性と情動の
パースペクティブ

三恵社

刊行にあたって

　現行学習指導要領では，教育課程全体を通して育成を目指す資質・能力が（1）生きて働く「知識・技能」の習得，（2）「思考力・判断力・表現力等」の育成，（3）「学びに向かう力・人間性等」の涵養の三つの柱に整理された。まさに，資質・能力の時代と言える今日，教育界では，二つの趨勢が見受けられる。一つは，思考力・判断力・表現力等の育成を強調する動向であり，これらは，「思考ツール」の使用や言語活動の充実といった取組に象徴される。もう一つは，学びに向かう力・人間性等に整理された「非認知的能力」や「社会情動的スキル」の重視である。グリット，成長マインドセット，および，レリジエンスへの世界的な注目もその一つといえよう。これらの動向は，資質・能力の認知的側面と非認知的側面，どちらかに対する着目や重視と解釈することができる。

　しかし，教育学において以前から知情意，陶冶と訓育の統一等，人格を全面的に発達させることが主張されてきたように，これらの側面は不可分である。それゆえ，資質・能力の認知的側面と非認知的側面を一体的に捉え，それらを育成する理論と実践を提案することを目指し，本書のタイトルを『資質・能力時代の生活科－知性と社会性と情動のパースペクティブ－』とした。

　本書は，アメリカの社会性と情動の学習（Social and Emotional Learning）の学習理論をベースとしているが，それに「知性」（Intelligence）を加え，知性と社会性と情動を一体的に育成する生活科を提案する。知性とは，諸学問における体系的な知識や探究方法を日常生活での経験に接続し発展させること，そして，学問自体の魅力や意義を実感したり知的探究心を喚起したりすることと捉えられる。前者は，コンピテンシーや21世紀型スキル等で言及されてきたことであり，後者は，数学，歴史学，生物学，文学，芸術等，そのものの楽しさや面白さ，奥深さに触れることである。それは，人類の文化遺産の継承と発展という学校教育の機能，主に教科教育の役割を尊重することを意味する。他の教科とは異なり，子どもたちの学びの場が学校に限定されない生活科は，多種多様な形で知性と社会性と情動を一体的に育成する学習機会を提供できるであろう。加えて，生活科における「活動あって学びなし」という批判を克服する重要な方策と方途が，知性と社会性と情動のパースペクティブであると言える。

　本書の第1章ではJ.J. ヘックマンの『幼児教育の経済学』，OECDの社会情動的スキル，および，社会性と情動の学習（SEL）を中心に概観した。第2章では幼児期か

3

ら小学校低学年期の認知発達と認知的・非認知的な能力の育成との関係について、プロジェクト・アプローチの理論と実践から解明を試みた。第3章では「知性と社会性と情動」の観点により，学習指導要領の生活科創設からその後の各改訂の経緯について考察した。第4章では、生活科で育成を目指す資質・能力について、知性、社会性、情動の視点から解釈を試みた。第5章ではOECDの提唱する社会情動的スキルを高める生活科の授業について検討し、第6章では知性、社会性、情動を育む生活科の学習評価に関して論じた。第7章では、奈良女子大学附属小学校2年生の実践について、CASELの理論的枠組の観点により分析・考察した。第8章では認知的能力と非認知能力の一体的育成を目指したデューイ実験学校の知性と道徳性の一体的涵養から資質・能力時代における生活科の課題克服のための知見を得た。

だが，我々の力量と本書での限られた紙幅で生活科において育成を目指す知性や社会性，情動を過不足なく論じられたとはいえない。今後，一層の研究の蓄積が必要である。本書の副題に「パースペクティブ」と冠しているのは，本研究は途上であるが，この研究領域における現時点での見通しや展望を示すことを目指したからである。

なお，本書は、JSPS科研費JP19K02704（2019年度〜2022年度、基盤研究（C）「生活科における非認知的な能力の育成に関する開発的研究」）、および、（JSPS科研費JP20K13869）（2020年度〜2022年度若手研究「アメリカのK-2探究的学習理論・実践を活かした生活科探究的学習理論・指導法の確立」）を受けて行われた研究成果の一部であり、本書の筆者にはその代表者と分担者が含まれている。各筆者の分担部分では、それぞれの文脈に沿って論が構成されている。全体を通して見ると、一部に内容の重複、表記や記述のスタイルの違いがあるが、理論の多様性の担保や今後の研究の発展の余地を残す意味で調整や統一を行っていない。その点での読みにくさはご容赦を願いたい。

教職志望で勉学に励みながら将来の教師像を思い描いている学生，教壇に立って間もない，あるいは初めて生活科を担当することになった現職教員，生活科の理論と実践について一層研鑽を深めたいと考えている実践者や研究者の方々が手にとっていただけると幸いである。

最後に，本書の刊行に際して，三恵社の方々には，終始ご懇切な配慮をいただいたことに深い謝意を表したい。

2022年12月

編著者

目　次 ────────────────────────────────

5

1章　知性と社会性と情動のパースペクティブ

はじめに

　非認知的コンピテンスへの関心が，近年，急速に高まっている。それらは非認知的能力，非認知的スキルと表現されることも多く，粘り強さ，好奇心，自制心，誠実さ，社会情動的な性質等であるとも言われている。教育界におけるこのような傾向は，経済開発協力機構（OECD）の教育研究革新センター（Center for Educational Research and Innovation, CERI）により 2015 年に『社会進歩のためのスキル——社会情動的スキルの力——』(*Skills for Social Progress: The Power of Social and Emotional Skills*)[1] という報告書が刊行されている事実からも明らかであろう。そして，この報告書は，2018 年に『社会情動的スキル——学びに向かう力——』[2]と題して既に翻訳出版されている。

　また日本では，はやくも 2016 年に無藤隆，古賀松香編著『社会情動的スキルを育む「保育内容　人間関係」』[3] が出版されている。他の先行研究としては，中山芳一著『学力テストでは測れない非認知能力が子どもを伸ばす』[4]，遠藤利彦（研究代表者）による「非認知的能力（社会情緒的能力）の発達と科学的検討手法についての研究に関する報告書」[5]がある。

　アメリカでは，M.J. イライアス（Elias）他によると，社会性と情動を発達させることは，学校教育の重要な部分であると考えられるが，どういうわけか，これまで避けられてきた「欠落部分」(the missing piece) であったという[6]。では，社会情動的コンピテンスとは何か。それは，学習，人間関係形成，日々の問題解決，成長や発達にともなう複雑な要求に対する適応等，生活における諸課題を上手く処理できる方法を通して，生活上の社会情動的側面を理解し管理し表現する能力である[7]。そして，社会性と情動の学習（SEL）（以下，SEL と称す）とは，子供や大人が社会情動的コンピテンスを習得するために必要なスキル，態度，価値を発達させる過程である。アメリカでは，1990 年代後半以

降，この欠落部分に対応する教育活動，SEL が，学校教育を改革し再構築する上で注目され発展している。

　このような非認知的コンピテンスへの関心の高まりの発端は，2000 年にノーベル経済学賞を受賞した J.J. ヘックマン（Heckman）の研究 [8] によるところが大きいと考えられている。その証拠に，日本でも 2015 年に彼の著書が，『幼児教育の経済学』（東洋経済新報社）という書名で翻訳・出版され反響を呼んでいる。

　以下，本章では，J.J. ヘックマンの『幼児教育の経済学』，OECD の社会情動的スキル，アメリカにおける SEL を概観することにより，「知性と社会性と情動のパースペクティブ」という本書で提案する生活科における学習活動の根源的視座の前提としたい。

I J.J. ヘックマンの『幼児教育の経済学』

　ペリー就学前プロジェクトは，合衆国のミシガン州イプシランティ市で 1962 年から 1967 年にかけて低所得のアフリカ系アメリカ人（原著では黒人）58 世帯の子供たちを対象に実施された。就学前の幼児に対して，平日の午前中 2 時間半，教室で授業を受けさせ，さらに平日の午後，週に一度は，教師がそれぞれの家庭を訪問して 90 分の教育的介入を行った。

　カリキュラムは，子供たちの年齢と能力に応じて調整され，非認知的な特質の促進に焦点化された子供主導の活動を重視していた。教師たちは，子供たちが遊びを計画し実行し，そして，毎日，その課題を見直すよう励ました。課題の見直しは共同で行い，子供たちに重要な社会的スキルを教えた。就学前における教育的介入は，30 週間続けられた。その終了後，この教育的介入を受けた子供たち（実験群）58 人と受けなかった比較対照群 65 人に対して 40 歳まで追跡調査が行われた。

教育的な効果

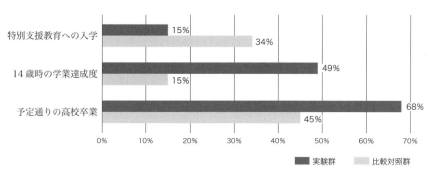

特別支援教育への入学　15%　34%
14歳時の学業達成度　49%　15%
予定通りの高校卒業　68%　45%

■ 実験群　　□ 比較対照群

40歳までの経済的効果

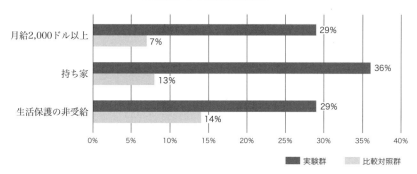

月給2,000ドル以上　29%　7%
持ち家　36%　13%
生活保護の非受給　29%　14%

■ 実験群　　□ 比較対照群

40歳までの逮捕者率

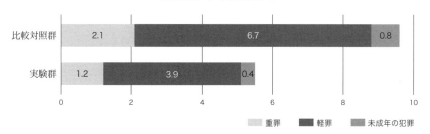

比較対照群　2.1　6.7　0.8
実験群　1.2　3.9　0.4

■ 重罪　　■ 軽罪　　□ 未成年の犯罪

アベセダリアンプロジェクトは，リスク指標の高い家庭に生まれた恵まれない子供たちに対して1972年から1977年に行われた研究であった。

　このプログラムは，開始時における子供たちの平均年齢が4歳4ヶ月であり，8歳まで，1年中丸1日の教育的介入が継続して実施された。幼児3人に1人の教師で始められ，その後，進度に応じて子供6人に対して1人の教師となった。比較対照群の幼児は，実験に参加する動機付けとして，鉄分を強化する粉ミルクとおむつを15ヶ月間，供給された。比較対照群の子供たちの多くが，保育園や幼稚園に入学した。

　小学校の最初の3年間，ホームスクール教師は，実験群の子供の保護者と面談して，家庭で保護者が補足的な教育活動をするのを援助した。その教師は，個々の子供に適したカリキュラムを提供した。このホームスクール教師はまた，通常の教師と家族との調整係を勤め，約2週間ごとに保護者や通常の教師と話し合った。ホームスクール教師はまた，保護者が仕事を見つけるのを手助けしたり，社会サービス機関の書類手続きを助言したり，約束の時間に子供を送り迎えしたりした。それらすべてが，子供を育てる保護者の能力を向上させた。子供たちは，21歳まで追跡調査され，30歳時の追跡調査は，2012年に入ってすぐに行われた。

　ペリー就学前プロジェクトとアベセダリアンプロジェクトは，「サンプル数が少ない」[9]，「肯定的な成果をもたらしたが，その成果は比較的小さく，妥当性について疑問が残る」[10]という批判もあるが，これらは無作為割当の方法を使用し，子供が成人するまで，ペリー就学前教育は40歳まで，アベセダリアンプロジェクトは30歳まで，長期的な追跡調査を行ったという意味で極めて意義深い研究だと言える。

　ペリー就学前教育実験群の子供たちは当初，IQが高くなったが，その効果はしだいに薄れ，教育的介入の終了の4年後には消滅した。そのようなIQへの効果が徐々になくなることは他の諸研究でも観察されている。

　しかし，主要な効果は存続し，その中には非認知的な特質も含まれている。IQ試験の結果は，実験群も比較対照群も変わりはなかったが，14歳の時点の学力試験（achievement test）では実験群の方が比較対照群よりも成績が良かった。

なぜなら，実験群の方が学校への出席率が高く，より多くのことを学んでいたからである。

　最終的な追跡調査の結果によれば，上述したようにペリー就学前プロジェクトでは40歳，アベセダリアンプロジェクトでは30歳において，実験群の子供たちは比較対照群の子供たちよりも，学歴が高く，収入が多く，持ち家率が高く，また，特別支援教育を受けることが少なく，生活保護受給率が低く，逮捕者率も高くはなかった。

　ヘックマンの研究に対しては，先述したように，その研究対象であるペリー就学前プロジェクトやアベセダリアンプロジェクトのサンプル数が少ないこと，思春期の子供への介入も重要であること，両プログラムが肯定的な成果をもたらしているがその成果は比較的小さいこと，これらが追いつき効果の可能性を示唆するものであり，一般的な子供の教育可能性，つまり，上乗せ効果が見込まれる直接的論拠にはならないことなどの批判がある。

　しかし，ペリー就学前プロジェクトとアベセダリアンプロジェクトの研究結果を踏まえ，ヘックマンは，「スキルがスキルを生じさせ，能力が将来の能力を育てる。認知的・社会的・情動的なコンピテンシーのより早い熟達は，後の学習をより効率的にし，それによって学習がより簡単により継続的になる。」[11]と述べている。幼児期の十分に考慮された適切な教育的介入は有望であり，子供が大人になって成功するかどうかは，幼児期の教育的介入の質に大きく依存しているという。

　従って，ヘックマンは，「恵まれない環境の子供たちが早期に基礎的スキルを十分に習得せずに思春期になると，その時点での治療的な介入は公平性と効率性の二律背反に直面する。そして，それらは経済的効率性の点から正当化することは難しく，一般に収益率が低い。対照的に，我々は幼少期に投資を集中して引き続き投資を行えば，公平性と効率性の両方を達成できる。」[12]と主張する。

Ⅱ OECDの社会情動的スキル

　『社会進歩のためのスキル——社会情動的スキルの力——』という報告書は，2015年にOECD教育研究革新センターにより刊行された。それは，社会情動的スキルに焦点化した「教育と社会進歩プロジェクト」での3年間の分析調査を整理した報告書であった。この報告書では，OECD加盟国とそのパートナー諸国における国際的なエビデンスに基づき，社会情動的スキルを育成するための有望な方策が述べられている。ここでは，まず，この報告書で示された認知的スキルと社会情動的スキルの枠組み[13]である図1について述べる。

　認知的スキルは，一般に，賢明さ，知識，あるいは，知性のように様々な方法で述べられ，知識の獲得と応用の過程を伴っている。ここで提示された枠組みでは，「基本的認知的能力」，「獲得された知識」，「外挿された（extrapolated）知識」を区別し，その多様性を反映している。そして，認知的スキルを「知識，思考，経験を獲得する精神的能力，および，獲得した知識をもとに解釈し熟考し外挿する精神的能力」と定義し，そこには基本的認知的能力であるパターン認識，処理速度，記憶，そして，獲得された知識を利用し抽出し解釈する能力，さらに外挿された知識，既知の事柄から未知の事柄を推定する能力，すなわち，情報を熟考し推論し，その結果，目前の問題に取り組む今までにない方法を概念化するというより複雑な過程を含んでいる[14]。

図1　認知的スキルと社会情動的スキルのフレームワーク

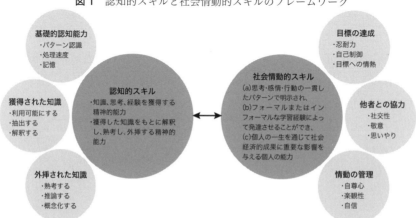

社会情動的スキルは，非認知的スキル，性質スキル（character skills）として知られている。この報告書の枠組みでは，「(a) 思考，感情，行動の一貫したパターンで現れ，(b) フォーマル，もしくは，インフォーマルな学習経験を通して発達可能であり，(c) 個人の一生を通じて社会経済的な諸成果に対する重要な原動力となり得る個人の諸能力」と定義し，「目標の達成」（忍耐力，自己制御，目標への情熱），「他者との協力」（社交性，敬意，思いやり），「情動の管理」（自尊心，楽観性，自信）が含まれている[15]。

以下，この報告書の要点が簡潔に述べられている第6章「社会情動的スキルを育成する方法」を中心に，適宜，他の章の記述も含め論じる（強調は原典）。

子供たちが人生の成功を達成し，社会進歩に貢献するためには，均衡のとれた一連の認知的スキルと社会情動的スキルが必要である。

教育や労働市場で成果を上げるためには特に認知的スキルが必要である。リテラシー，学習到達度テスト，学業成績等の認知的スキルのレベルは，特に高等教育への進学率，労働市場での結果に大きな影響を及ぼしている。そして，社会情動的スキルは，より健全なライフスタイル，積極的な市民的資質を促進し，生活の満足を高め，より安全な社会にするために社会情動的スキルが重要な役割を果たす[16]。調査結果によれば，誠実性，社交性，情緒的安定性は，子供たちの将来の可能性に影響を与える重要な社会情動的スキルである[17]。しかし，認知的スキルと社会情動的スキルは肯定的な行動と成果を生み出す上で，必ずしも分離して作用するのではなく，相互作用し影響し合い，スキルに対する過去の投資の上に漸進的に形成される。これが早期投資の重要性の根底にある。従って，政策立案者にとって社会情動的スキルは認知的スキルと同様に重要である。

目標を達成し他者と効果的に協力し情動を管理する子供たちのコンピテンスは，彼らの人生における成果を改善するのに役立つ。忍耐力，社交性，自尊心のような社会情動的スキルは重要な役割を果たす。

介入的研究の再検討だけでなくOECDの実証的研究によるエビデンスは，社会情動的スキルが子供たちの生涯の成果を推進することを指摘している。これらは，目標の達成，他者との協力，ストレスの多い状況の管理など，異なる人

生の状況で役立つようなスキルである。そのエビデンスは，忍耐力，社交性，自尊心が，子供たちと社会が恩恵を得る社会情動的スキルであることを示している。社会情動的スキルが健康面の向上と反社会行動の抑制に対して重要な役割を果たすことが示された。例えば，スイスでは自尊心の向上により抑鬱が減少した[18]。ニュージーランドでは，8歳時の忍耐力，責任感，社会的スキル等の社会情動的スキルを高めると16歳時の飲酒，喫煙，薬物乱用，暴力等の発生率が減少した[19]。しかし，すべての社会情動的スキルが社会経済的成果をもたらすわけではない。例えば，ノルウェーでは，外向性のような社会情動的スキルの向上により，鬱病は減少したが，肥満が増えたというエビデンスもある[20]。必要なスキルについて繊細な見方をすることは重要である。

社会情動的スキルは，学習環境を改善すること，介入プログラムを結集することにより向上できる。

個人が活動や課題を首尾よく一貫して遂行できる社会情動的スキルは学習され得る。学習を通して形成され育成され得るのである。OECD加盟国の数カ国におけるエビデンスによると，施策の改革，教師による新機軸，保護者の努力を通して，子供たちのスキルを向上させる領域がある。成功した介入プログラムの共通した諸特徴は，①保護者，教師，指導者，子供の間の温かい支援的な関係を通して愛情を強調することとメンタリング，②家庭，学校，職場，地域社会の枠を超えて学習環境の質の一貫性を確保すること，③子供たちと教師のためには系列性があり（Sequenced），活動的で（Active）焦点化された（Focused）明示的な（Explicit）（SAFE）学習の実践に基づいたスキルの訓練を提供すること，④幼児期から青年期にかけてプログラムを導入し，以前に行われた介入を引き続き行い補完することである。

①に関して，米国のSELにおいては，最も効果的なプログラムがSAFEという四つの要素，全てを組み込んだ実践であることが実証されている。また，それは放課後プログラムでも同様である。なお，SELの学校単位での介入に関する大規模なメタ分析のエビデンスから多くの教訓が実証されている[21]。これに関しては次節で，「学術的，社会的，情動的な学習の協働」（CASEL）の取り組みを中心に論じる。

エビデンスにより「スキルがスキルを生む」ことが示され，そして社会情動的スキルへの早期投資が，社会経済的に恵まれない人々の生活における見通しを改善し，社会経済的な不平等を少なくする上で重要である。

　子供たちは，人生の早い時期に発達したスキルを基礎に他のスキルを築いていく。スキルがスキルを生むとは，子供たちの現在のスキルのレベルは将来のより多くのスキルを習得する度合いを決定することである。これは，部分的にはより高度なスキルをもつ者は新しい学習投資と文脈からより多くの恩恵を得るという事実である。それゆえ，初期の投資が最大の利益をもたらし，より高いレベルのスキルと大人での肯定的成果を保証することが重要である。認知的スキルの発達における敏感期は子供たちのライフサイクル初期に生じる一方で，社会情動的スキルの発達の好機は児童期後期と青年期にも継続するというエビデンスがある。

　例えば，米国では前節で言及したアベセダリアンプロジェクトやペリー就学前プロジェクトが提供する幼児期における投資は，学校での学習効率を高め，初期投資から何年も経過した後の問題行動を減少させたことがエビデンスで示されている[22]。教育，労働市場，社会的成果の不平等を減少させる効率的方法の一つは，最も恵まれない子供たちに対して，社会情動的スキルへの投資を幼児期から学齢期を通じて十分に行うことである。

　社会情動的スキルの定期的なアセスメントは，学習環境を改善し，確実にスキルの発達に資する価値ある情報を提供できる。

　社会情動的スキルは，少なくとも文化的言語的境界内では意味のある測定が可能だ。いくつかの既存の尺度によって子供たちの人生の様々な成果を予測することができると示されている。例えば，カナダのブリティッシュ・コロンビア州において，学校は，教育省で開発された「社会的責任」というパフォーマンス基準を任意で利用できる。その基準は，四つのアセスメント規準，すなわち，①学級と学校という共同体への貢献，②平和的方法による問題解決，③多様性の尊重と人権の擁護，および，④民主的な権利と責任の行使を含んでいる。幼稚園から第3学年，第4学年から第5学年，第6学年から第8学年，第8学年から第10学年という異なる学年集団のための四つの尺度があり，そのア

セスメントは，教室と運動場の両方における長期的で累積的な観察に基づいている[23]。関連のある社会情動的スキルの適切な尺度は，それらが定期的に収集されるならば，政策立案者，教師，保護者に社会情動的スキルの欠如や傾向に関する価値ある情報を提供できる。学習環境に関する情報とともに当該スキルの優れた尺度は，子供たちの社会情動的な発達に結びついた学習の文脈と投資を明らかにするのに役立つだろう。この情報は，教育政策の優先事項を識別する必要のある政策立案者，カリキュラムや課外活動を改革する必要のある学校，家庭学習の環境や子育ての実践を調整する必要のある保護者にとって価値がある。また，社会情動的スキルの測定は，子供たちの人生における成功と社会の進歩を促進する上でこれらのタイプのスキルが重要であるという意識を高めるのに役立つのである。

OECD の加盟国とそのパートナー経済圏の政策立案者は社会情動的スキルの重要性を認めているが，これらのスキルの発達のために学校や家庭が利用できる施策とプログラムのレベルには相違がある。

OECD 加盟諸国のほとんどの教育システムは，自主性，責任感，他者と協力する能力のような生徒の社会情動的スキルを発達させる必要性を認めている。社会情動的スキルを発達させるのに役立つ授業実践と素材を提供するいくつかの地域での実験的な戦略は存在するが，学校と家庭がこれらのスキルを発達させるのを支援するのに得られる施策とプログラムの総計には相違がある。さらに，社会情動的スキルを向上させるために明確にデザインされた施策とプログラムが，教育システム全体で存在していることはまれである。また，子供たちの社会情動的スキルを結集する最善の方法についての利害関係者たちの知識，期待，能力には大きなギャップが存在する。詳細なエビデンスに基づくガイドラインを幅広く普及させることは，そのギャップを減少させ，限られた情報と経験しかもたない教師たちを勇気づけることに役立つであろう[24]。そして，地域的な戦略の情報を幅広く利用できるようにすること，また，安定したアプローチを確認するためにシステム・レベルで成功を収めた実践を試してみること，実験的なプログラムの長所と限界を批判的に検証することが有益であろう。子供たちには多様な社会文化的背景があるので，それ一つでどんな場合にも通

用するような解決策は存在しないかもしれないが，より大きな規模でより広い範囲の期待できる戦略を確認し拡張することは，社会情動的スキルを育てる効果性と効率性を改善できるであろう[25]。

　OECDの加盟国とそのパートナー経済圏の多くは，学校が生徒の社会情動的スキルを評価するためのガイドラインを提供し，学校は成績表でこれらのスキルを報告する傾向がある。しかし，教師と保護者がこれらのスキルを高める方法に関する詳細な指導は限定的である。

　OECDの加盟国とそのパートナー経済圏において，学校が生徒たちの社会情動的スキルを測定し報告するための最も一般的な方法は成績表による報告である。多くの国々では，学校がこのタイプのスキルを評価するためのガイドラインを提供している。

　たとえば，カナダのオンタリオ州は，「学習スキルと学習の習慣（work habits）」を諸教科の評点と切り離して評価する成績表のサンプルフォームを提供している。学習スキルと作業習慣には，6つのカテゴリー，つまり，責任感，組織能力，独自の学習（independent work），協働（collaboration），自発性（initiative），自己調整（self-regulation）がある。教師はそれぞれを「優」（excellent），「良」（good），「並」（satisfactory），「要改善」（needs improvement）という4段階で評価する。第1学年から第8学年までの成績表には，生徒のカリキュラムにおける目標達成度を報告する部分の前に，学習スキルと学習の習慣に関する生徒の発達を報告する部分が設けられている。第9学年から第12学年の成績表では，すべての教科の学習スキルと学習の習慣のそれぞれの評価を記録する欄がある[26]。

　このような方法で，保護者は自分の子供が社会情動的な発達に関してどの位置にいるのか，理解する機会を提供される。それにもかかわらず，生徒たちの社会情動的スキルの発達をいかに支援するかについて，学校と教師への詳細な助言を提供している教育システムはそれほど多くない。このことは学校と教師が自分たちの教育戦略をデザインする上での柔軟性を与える一方で，これらのスキルを教える知識と経験の少ない教師たちを支援することができないという問題を引き起こす。

Ⅲ 社会性と情動の学習（SEL）

　先述したように，アメリカでは，1990 年代後半以降，SEL が，学校教育を改革し再構築する上で注目され発展している。しかし，OECD のスキル研究の理論的な枠組みが示すように，認知的コンピテンスと非認知的コンピテンスの両方を同等に調和的に育成することが，学校教育において極めて重要である。それゆえ，ここでは，「学術的，社会的，情動的な学習の協働」（Collaborative for Academic, Social, and Emotional Learning）（以下，CASEL と称す）の活動に着目した。

　1994 年，研究者，教育者，実践家，子どもの擁護者たちがフェッツァー研究所（the Fetzer Institute）に集まった。この学際的で協働的な会議において，生徒の社会情動的コンピテンス，学業成績，健康，市民的資質を向上させ，身体的な健康，精神的な健康，問題行動の予防・軽減のための効果的で調整された方法が議論された。そして，若者の社会的，情動的，学術的コンピテンスを促進し，これらの目標に対処するために学校，家庭，および，地域社会の教育計画を調整する概念的枠組みとして，SEL の用語を導入した。

　この会議の出席者はまた，就学前から高校までの教育に不可欠な部分としてエビデンスに基づく SEL 確立の支援を使命とする組織，CASEL の創設に着手したのである。その創設以降，CASEL は，子どもの社会性と情動の発達と学業成績の促進を優先する個人と組織のための戦略家，協力者，招集者，支援者としての役割を果たしてきた[27]。

1. CASELの取り組みとSEL介入のエビデンス

　1997 年に CASEL は，その協働研究者 9 名が共著で，SEL の分野を正式に定義した『社会性と情動の学習の促進 —— 教育者のためのガイド ——』（*Promoting Social and Emotional Learning: Guidlines for Educators*）を出版した。この本の内容に関しては，「SEL の必要性」，「社会的，情動的な教育を各学校にどのように適応させるか」，「SEL の文脈の創造」，「社会的，情動的な教育の導入と持続」，「SEL の達成の評価」等が含まれている。

この本の出版以降，生徒の学術的，長期的な教育達成を向上させる SEL の有効性が，多くの研究によって実証されてきた。その結果，SEL に対する社会的需要は，教師，学校の指導者，地方行政官，政策立案者，保護者，雇用者，生徒自身の間で急速に高まり，全米の学校，地域，州では，地域の教育的優先事項を支援するために，エビデンスに基づく SEL の方略を採用し，実施している地域が増加している[28]。

　R.P. ワイズバーグ（Weissberg）他によれば，例えば，2011 年の T.E. モフィット（Moffitt）他の研究や 2012 年の J.J. ヘックマンと T. カウツ（Kautz）の研究等，一連の相関的・長期的研究は，社会情動的コンピテンスが良好な社会的適応の成果と正の関係にあり，教育に関連する様々な諸問題と負の関係にあることを示している。また，様々な論評から，SEL の介入が肯定的な態度と行動に効果をもたらすというエビデンスもあるという。そして，SEL を一躍有名にした影響力のある出版物の第一は，2003 年の『安全と健全――エビデンスに基づく SEL プログラムの教育指導者のためのガイド――』（*Safe and Sound: An Educational Leader's Guide to Evidence-Based Social and Emotional Learning (SEL) Programs*）だと述べている[29]。

　この本は，学校に基づく SEL プログラムの最初の包括的な概説書であり，SEL が，「学校の学術的使命」，「健全な行動の促進とリスクの高い行動の予防」，「包括的学校改革」，「品性教育」，「サービス・ラーニング」，「学校と地域社会と家庭のパートナーシップ」にどのように関連しているかを説明している[30]。そして，このガイドでは，様々なプログラムの手続き上の側面とその結果に関する実践的な情報を教育者に提供し，教育者が特定の状況に最も適したプログラムを選択できるように支援している。現在，この本は，CASEL のウェブサイトから無料でダウンロードできる。ワイズバーグ他によれば，その本は 150,000 回以上ダウンロードされ，人気のある情報源となったという[31]。

　CASEL は，2012 年に『2013 年の CASEL ガイド：効果的な社会性と情動の学習プログラム――就学前と小学校版――』（*2013 CASEL GUIDE: Effective Social and Emotional Learning Programs Preschool and Elementary School Edition*）[32] を出版した。そのタイトルが示すように，その本は就学前と（5 年

生まで）初等教育プログラムの成功に焦点を当てている。この2013年版ガイドでは，2003年版よりも厳密な研究基準を満たした25のプログラム（就学前の7つのプログラム，初等教育の18のプログラム）が取り上げられ，年齢による発達特性が一層，重視されていた。さらに，SELの分野におけるいくつかの進歩，幼児期における効果的な介入のエビデンスの増加，すなわち，学術的，社会的，情動的な学習を促進するための新しいアプローチの開発，教室で単一のSELプログラムを実施することを越えて，学校全体，および，地域社会全体における調整された体系的なSELプログラムの実施に対する関心の高まりなどが含まれていた。

2015年に『2015 CASELガイド：効果的な社会性と情動の学習のプログラム —— 中間学校と高校版 ——』(*2015 CASEL GUIDE: Effective Social and Emotional Learning Programs Middle and High School Edition*) が出版された。CASELの『安全と健全』では，5つのコンピテンス領域の包括的範囲，および，生徒の行動の成果に対する肯定的影響を含む，厳密な評価とデザインの基準に適合した「SELect」プログラムを明らかにした。2013年のCASELガイドは，この実践を持続し，SELectプログラムのみを特集したが，このガイドでは，プログラムが「SELectプログラム」，「補完（Complementary）プログラム」，「有望な（Promising）プログラム」の3つのカテゴリーに分類されている。

そして，9つのSELectプログラムにおける効果のエビデンスに関する情報を提供し，5つの補完プログラムと1つの有望なプログラムについても批評している。さらに，中間学校の生徒（第6学年から第8学年）を対象にした6つのSELectプログラムと，高校生（第9学年から第12学年）を対象にした5つのSELectプログラムのデザインも紹介している。このガイドに掲載されているプログラムは，SELを促進するためのアプローチの点で異なっているが，すべての生徒に肯定的な影響を与えているという[33]。

2. CASELの理論的枠組み —— CASELの輪 ——

CASELの使命は，エビデンスに基づく社会性と情動の学習を就学前から高等学校までの教育の不可欠な部分とするための支援であり，すべての子どもと大

人が，自分自身の目標を達成して，より包括的で公正で公平な世界を創造するために自分自身に気付き，配慮があり，責任感があり，関与する生涯学習者であることをビジョンとしている。

この使命とビジョンを達成するために，CASELは，SELが教育と人間発達の一つの統合的な部分であり，若者と大人が健全なアイデンティティを発達させ，情動の管理，個人的・集団的な

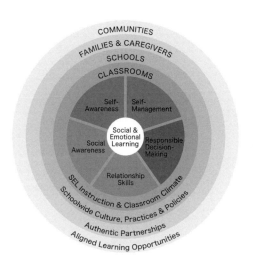

諸目標の達成，支援的な関係性の維持，責任があり配慮がある意思決定をするための知識，スキル，態度を獲得し応用する過程であると定義している[34]。そして，上の図のような「CASELの輪」[35]という理論的な枠組みを提案し，SELのプログラムの教育実践を推進している。

CASEL 5（相互関係的なコンピテンス領域）　まず，CASELの輪の中心に位置するのは，SELが目指す5つの幅広い相互関係的なコンピテンス領域，すなわち，「自己への気付き」，「自己管理」，「社会への気付き」，「関係性のスキル」，「責任ある意思決定」である。日常における難問や課題に効果的に対処するためには，認知，感情，行動を統合する生徒のコンピテンスを発達させる必要がある。それゆえ，多くの類似した他のアプローチと同様，CASELの活動領域は，個人内的，対人関係的，および，認知的コンピテンスから成る知識，スキル，態度を含むのである。

このCASEL 5は，幼児期から成人期にいたる多様な社会文化的な背景や文脈を超えて様々な発達段階で教えられ応用できる。多くの州，学区，学校は，生徒たちが学術的成功，学校の諸活動への参加，市民としての活動への参加，自らの健康維持，充実したキャリア形成のために知ること，できることを明確に述べている「幼稚園から高校の学習のスタンダードとコンピテンス」を制定

するために，このCASEL 5を使用してきた[36]。

　まず，「**自己への気付き**」は，自分の感情，思考，価値観，そして，それら
が状況を超えてどのように行動に影響するかを理解するコンピテンスである。
これには，自信や決意について確かな感覚をもちながら自分の長所と限界を認
識する能力が含まれる。例えば，個人的，社会的アイデンティティの統合，個
人的，文化的，言語的な資産の確認，自分の情動の確認，誠実さと高潔さの実
証，先入観と偏見の分析，自己効力感の経験，成長マインドセット（growth
mindset），関心と目的の感覚の発達等である。

　次に「**自己管理**」は，目標や大志を達成するために異なる状況で効果的に自
分の情動，思考，行動を管理するコンピテンスである。これには，個人的，集
団的な目標を達成するために満足を遅らせたり，ストレスを管理したり，動機
や行為主体性（agency）を感じたりする能力が含まれる。例えば，自分の情動
の管理，ストレス管理の方略の確認と利用，自律と自己動機付けの提示，個人
的，集団的な目標の設定，計画し組織するスキルの使用，イニシアチブをとる
ための勇気の発揮，個人的，集団的な行為主体性の実証等である。

　次に「**責任ある意思決定**」は，多様な状況における個人の行動や社会的相互
作用について配慮のある建設的選択を行うコンピテンスである。これには，倫
理基準，安全性への関心を考慮する能力，個人的，社会的，集団的な福利のた
めの様々な行為の利点と結果を評価する能力が含まれる。例えば，好奇心と
オープンマインドの実証，情報，データ，事実の分析後の合理的な判断方法の
学習，個人的，社会的諸問題の解決策の明示，自分の行為の結果の予測と評価，
学校内外での批判的思考の有益性の確認，個人の福利，家族の福利，地域社会
の福利を促進するための自分の役割の熟考，個人的影響，対人的影響，地域社
会の諸機関の影響の評価等である。

　次に「**関係性のスキル**」は，子どもたちに健全で支援的な関係性を確立し維
持し，多様な諸個人と諸集団に関する状況を効果的に操作するコンピテンスで
ある。これには，効果的にコミュニケーションし，積極的に聞き，問題解決の
ために協働する能力，そして，異なる社会文化的な諸要求と有利な諸条件をも
つ状況を操作する能力，必要な時にリーダーシップを発揮し，支援を求めたり

支援したりする能力が含まれる。例えば，肯定的な関係性の発達，文化的能力の実証，チームワークと協働的問題解決の実践，紛争の建設的解決，否定的な社会的圧力への抵抗，グループでのリーダーシップの提示，必要時の支援の要求，支援の提供，援助，他者の権利の保持等である。

　最後に「社会的な気付き」は，多様な背景，文化，文脈を有する者たちを含む，他者の立場を理解し共感するコンピテンスである。これには，他者に同情し，異なる状況における行動のより幅広い歴史的・社会的規範を理解し，家庭，学校，地域社会の資源と支援を認める能力が含まれる。例えば，他者の見方での思考，他者の長所の認識，共感と思いやりの実証，他者の感情への関心の明示，感謝の気持ちの理解と表現，不公平なものを含む多様な社会的規範の確認，状況的な諸要求と有利な諸条件の認識，行動における組織とシステムの影響の理解等である。

　SEL は，信頼できる協働的な関係性，綿密で有意義なカリキュラムと教授，持続的な評価を特徴とする学習環境と学習経験を確立するための学校と家庭と地域社会の真正のパートナーシップを通して，公平性と優秀性を促進することを目指している。生徒，家庭，学校，地域社会すべてが，学習，発達，経験を形成するより幅広いシステムの一部である。

　それゆえ, CASEL は，すべての生徒の社会的，情動的，学術的な学習を強化するために，公平な学習環境を設立し，教室，学校，家庭，地域社会という主要な環境を越えて実践を調整することを重視した一つの体系的なアプローチをとっている。十分にデザインされ，エビデンスに基づいた教室での質の高いプログラムと実践の実現は，効果的な SEL の基本的要素である。CASEL は，学校の学術的なカリキュラムと文化，そして，学校全体の実践や政策の幅広い文脈を越えた，家庭や地域社会の諸組織との持続的な協働を通して，SEL を統合することが最も有益であると信じているからだ。これらの調和された諸努力は，若者の声と行為主体性と関与を促進すべきである。つまり，それは，教室や学校の支援的な文化と風土，規律へのアプローチ，大人の SEL のコンピテンスを向上させること，そして，家庭や地域との本物のパートナーシップを確立することである。

おわりに

本章では，ヘックマンの『幼児教育の経済学』，OECD の社会情動的スキル，アメリカにおける SEL を概観してきた。ヘックマンは，一般には IQ テスト，学力試験，および，OECD による生徒の学習到達度調査（PISA）等で測定される認知的能力が注目されるが，長期間の追跡調査により，非認知的能力が認知的能力に影響し，また社会的な成功にも貢献すること，認知的能力も非認知的能力も幼少期に発達し，その発達は家庭環境によって左右されることを指摘し，それゆえ，幼少期に力を注ぐ公共政策が重要であることを主張している[37]。

OECD の社会情動的スキルの報告書の要点は，次のようにまとめられる。子供たちが人生の成功を達成し，社会進歩に貢献するためには均衡のとれた一連の認知的スキルと社会情動的スキルが必要であること。目標を達成し他者と効果的に協力し情動を管理する子供たちのコンピテンスは，彼らの人生における成果を改善するのに役立ち，忍耐力，社交性，自尊心のような社会情動的スキルは重要な役割を果たすこと。社会情動的スキルは学習環境の改善，介入プログラムの結集により向上できること。エビデンスにより「スキルがスキルを生む」ことが示され，社会情動的スキルへの早期投資が社会経済的に恵まれない人々の生活における見通しの改善，社会経済的な不平等の縮小にとって重要であること。社会情動的スキルの定期的アセスメントは，学習環境を改善しスキルの発達に資する価値ある情報を提供できることなど。

1994 年，アメリカにおいて創設された CASEL の使命は，エビデンスに基づく SEL を就学前から高等学校までの教育の不可欠な部分とするための支援であり，すべての子どもと大人が，自分自身の目標を達成して，より包括的で公正で公平な世界を創造するために自分自身に気付き，配慮があり，責任感があり，関与する生涯学習者であることである。この使命を達成するために，CASEL は，「CASEL の輪」という理論的な枠組みを提案し SEL のプログラムの教育実践を推進している。

CASEL は，すべての生徒の社会的，情動的，学術的な学習を強化するために，公平な学習環境を設立し，教室，学校，家庭，地域社会という主要な環境を越えて実践を調整することを重視した一つの体系的なアプローチをとり，信頼で

きる協働的な関係性，綿密で有意義なカリキュラムと教授，持続的な評価を特徴とする学習環境と学習経験を確立するための学校と家庭と地域社会の真正のパートナーシップを通して，公平性と優秀性を促進することを目指している。

　このように，現在，世界の教育改革において，非認知的コンピテンスが注目され発展してきた。しかし，最初に述べたように，認知的コンピテンスと非認知的コンピテンスの両方を同等に調和的に育成することが学校教育において極めて重要である。

　ブラジル（Brazil）のサンパウロ（Sao Paulo）において 2014 年 3 月 23 日，24 日に開催された非公式の閣僚会議で「ウェルビーイングと社会進歩を推進するスキルとは何か」をテーマに議論された。そこでバランスのとれた認知的，社会的，情動的なスキルをもつ「全人的な子ども」（Whole Child）を発達させる必要性について全会一致で合意された[38]。そして，本章で取り上げた 2015 年の OECD のスキル研究によって示された理論的枠組みは，認知的スキルと社会情動的スキルの両方の枠組みであり，この枠組みは，認知的スキルと社会情動的スキルが相互作用し，それによって相互に影響しあうことを明示している[39]。

　この視座を忘れてはならないであろう。それゆえ，本書の副題を「知性と社会性と情動のパースペクティブ」とした。このことは，知性と情動は社会的であり，また，知性と情動は社会的な関係性の中で育成されていることを意味している。学校のカリキュラムを構成するすべての教育活動，教科等においても，その教科等，さらにその単元と授業における学習活動の特質を踏まえながら，認知的コンピテンスと非認知的コンピテンスを調和的に育成することが必要である。それは，教師が子供の認知的コンピテンスと非認知的コンピテンスを調和的に育成することを常に意識しながら，学校のカリキュラム，各教科等のカリキュラム，各単元及び各授業を構想し実践することであり，また，認知的レンズと非認知的レンズの両方を通して，子供の学習活動を理解し支援し評価することを意味する。

（中野真志）

【注】

1) OECD, *Skills for Social Progress: The Power of Social and Emotional Skills*. OECD Skills Studies, OECD Publishing, 2015.

2) OECD 編・無藤隆・秋田喜代美監訳『社会情動的スキル　学びに向かう力』，明石書店，2018 年。

3) 無藤隆・古賀松香編著『社会情動的スキルを育む「保育内容　人間関係」』，北大路書房，2016 年。

4) 中山芳一著『学力テストでは測れない非認知能力が子どもを伸ばす』東京書籍，2018 年。

5) 遠藤利彦（研究代表者）「非認知的能力（社会情緒的能力）の発達と科学的検討手法についての研究に関する報告書」，国立教育政策研究所，2017 年。

6) Elias, M.J., Zins, J.E., Weessberg, R.P., Fery, K.S., Greenberg, M.T., Haynes, N.M., et al., *Promoting Social and Emotional Learning: Guidelines for Educators.* Alexandria, VA: ASCD, 1997, p.1.
この本は，以下のように日本で翻訳し出版され，本章でも参照した。
M.J. イライアス他著，小泉令三編訳『社会性と感情の教育　教育者のためのガイドライン 39』北大路書房，1999 年。

7) Ibid., p.2.

8) Heckman,J.J., *Giving Kids a Fair Chance: A Strategy That Works*. Cambridge. MA: MIT Press, 2013.
下記，その翻訳本である。
ジェームズ・J・ヘックマン著，大竹文雄解説，古草秀子訳『幼児教育の経済学』東洋経済新報社，2015 年。

9) Ibid., p.63.

10) Ibid., p.86.

11) Ibid., pp.32–33.

12) Ibid., p.34.

13) OECD, op.cit, p.34.　図 1 は筆者が翻訳して作成した。

14) Ibid., p.34.

15) Ibid., pp.34-35.

16) Ibid., p.130.

17) Ibid., pp.13-14.

18) Ibid., p.55.

19）Ibid., p.57.

20）Ibid., p.54.

21）Ibid., p.83.

22）Ibid., p.80.

23）Ibid., p.106.

24）Ibid., p.15.

25）Ibid., p.109.

26）Ibid., p.104.

27）Durlark, J.A., Domitrovich, C.E., Weissberg, R.P., and Gullotta, T.P., "Social and Emotional Learning: Past, Present, and Future." In Durlark, J.A., Domitrovich, C.E., Weissberg, R.P., and Gullotta, T.P.(Eds.), *Handbook of Social and Emotional Learning: Research and Practice*. New York: The Guilford Press, 2015, p.5.

28）https://casel.org/about-us/our-history/（2022 年 7 月 4 日）

29）Durlark, J.A., Domitrovich, C.E., Weissberg, R.P., and Gullotta, T.P., op. cit., pp. 11–12.

30）CASEL, *Safe and Sound: An Educational Leader's Guide to Evidence-Based Social and Emotional Learning (SEL) Programs*. Chicago: Author, 2003.

31）Durlark, J.A., Domitrovich, C.E., Weissberg, R.P., and Gullotta, T.P., op. cit., p.12.

32）CASEL, *2013 CASEL GUIDE: Effective Social and Emotional Learning Programs Preschool and Elementary School Edition*. Chicago: Author, 2012.

33）CASEL, *2015 CASEL GUIDE: Effective Social and Emotional Learning Programs Middle and High School Edition*. Chicago: Author, 2015, p.3.

34）https://casel.org/fundamentals-of-sel/（2022 年 7 月 4 日）

35）https://casel.org/fundamentals-of-sel/（2022 年 7 月 4 日）

36）https://casel.org/fundamentals-of-sel/what-is-the-casel-framework/（2022 年 7 月 4 日）

37）Heckman,J.J., op.cit., pp.4–5.

38）OECD, op.cit, p.13.

39）Ibid., pp.34–36.

2章 知的・社会的・情動的発達と 認知的スキルの発達を促進する プロジェクト・アプローチの理論と実践

はじめに

　アメリカにおいて非認知的スキルの発達に関する研究は盛んに行われてきた。ペリー就学前プロジェクト（Perry Preschool Project）は1962年から1967年にかけて行われ，幼児期の認知的・非認知的スキルの発達への教育的介入の必要性が検証された（第1章参照）。他にも例えばヘッドスタート・プロジェクトがリンドン・ジョンソン大統領（Lyndon Johnson）の「貧困との戦い」キャンペーンの一部として始まり，その研究は長期的なものへと発展した[1]。それらのプロジェクトは追跡調査の進行中においてもその成果が実証されたので，アメリカにおける認知的・非認知的スキルの発達に関する研究は，少なくとも数十年に渡って続けられているといえる。

　その研究成果が提示されている文献の一つに *DAP*（*Developmentally Appropriate Practice*；発達にふさわしい実践）がある。*DAP* は NAEYC（National Association for the Education of Young Children；全米乳幼児教育協会）[2]が出版する幼児期（*DAP* においては0歳から8歳頃を指している）における教育実践に関する基本見解である[3]。そしてこの *DAP* を明確な指針の一つとして実践されている教授・学習アプローチがプロジェクト・アプローチ[4]である。プロジェクト・アプローチはリリアン・G・カッツ（Lillian G. Katz）と弟子のシルビア・C・チャード（Sylvia C. Chard）によって提唱されたアプローチである。カッツは NAEYC の会長，副会長を歴任した経歴を持ち，また，*DAP* の初版や第2版の出版に深く関わった人物である。プロジェクト・アプローチはかれらが *DAP* 初版出版の2年後の1989年に出版した *Engaging Children's Minds: The Project Approach*（以下，*Engaging*）初版により，全米中に広まり，多くの実践を生み出した[5]。本章においては，*DAP* の研究成果と，*Engaging* をはじめとするプロジェクト・アプローチに関わる文献に依拠

して，認知的スキルと非認知的スキルの両方の発達を促進させ得るプロジェクト・アプローチの理論と実践について明らかにしていきたい。

　本章においてはまず，プロジェクト・アプローチの目的について提示する。またその中で，プロジェクト・アプローチの文脈における認知的スキルや非認知的スキルと知性・社会性・情動の関係について整理したい。次に，低学年期の子どもの認知的発達の特徴に相応しい方法で子どもたちの認知的スキルの習得を促進する，プロジェクト・アプローチにおける「構成主義的な見方」について明らかにする。尚，認知的発達の特徴に立脚した「構成主義的な見方」はプロジェクト・アプローチにおける基本視座であり，子どもたちの知的・社会的・情動的発達にも適したアプローチを提供し得るものである。そのことについても本章で言及する。その次に，低学年期の子どもたちの社会的・情動的発達の特徴に相応しい方法でかれらの社会的コンピテンス（後に詳述する）の感覚を発達させるプロジェクト・アプローチの協同的な精神的雰囲気（cooperative ethos）について明らかにする。その後，プロジェクト・アプローチ実践事例を紹介し，その実践が実際に子どもたちの知的・社会的・情動的発達や認知的スキルの発達を促進し得るものかを検討する。

Ⅰ　プロジェクト・アプローチの目的と知性・社会性・情動

　プロジェクト・アプローチの定義は，「特定のトピックについて広げられ，深められる調査，または研究」とされている[6]。プロジェクト調査は通常，クラス全体で行われるが，その中で小さなグループが特定のサブトピックに取り組む。プロジェクト・アプローチは生活科のように学習指導要領に明示される正課の教科ではなく，教授・学習の手段及びプロセスの一つである。よってそのアプローチを使用するかどうかは学校や教師の裁量に委ねられる。また，プロジェクト・アプローチは教科等を統合する教授・学習アプローチとしてカリキュラムに位置づくこともあれば，各教科の中で使用されることもある[7]。

　プロジェクト・アプローチの目的の一つは「子どもたちの活気に満ちて成長していくmindを支援して強化していくこと」である。mindは「心，精神」の

他にも「意向，望み，気持ち」と和訳されることがある。カッツらにおいてはこのmindという用語をさらに，社会的・情動的な感覚能力（sensibility）を含めたものとして使用している[8]。つまりプロジェクト・アプローチは社会的・情動的発達を促進することを目的として包含しているのである。尚，プロジェクト・アプローチがどのように子どもたちの社会的・情動的発達を促進し得るのかについては本章のⅣにおいて記述する。

　同時に，プロジェクト・アプローチを包含するカリキュラムは知性的目標（intellectual goals）の達成を重視している。プロジェクト・アプローチの知性的目標とは，「子どもたちが自身の経験や環境についての理解を深めるような方法で，子どもたちのmindが没頭し，それによって子どもたちが自身の知性的な能力（intellectual power）への自信を強めていく」ことだとされている。尚，ここでいう「知性的な能力」とは問題解決に向けて観察したり調べたりする心的傾向ともいわれている[9]。カッツらは，プロジェクトの一環として子どもたちが問題解決のために観察したり調べたりする中で知性的目標は達成されるとしているということである。

　このように，プロジェクト・アプローチは知性的・社会的・情動的な能力の発達を目標としている。ここで，本章における知性・社会性・情動と認知的スキル・非認知的スキルの関係を簡単に整理しておきたい。認知的スキルについては，ヘックマンが「IQテストや学力検査，またはOECD生徒学習到達度調査（PISA）によって測定される」ものであるとしている[10]。それ故，IQテストや学力検査，PISAによって測定できないものは非認知的スキルに含まれるともいえるだろう。では，知性や社会性，情動に関わる能力は認知的スキルに含まれるのだろうか。まず，知性（intelligence）[11]にどのようなものが含まれるのかという合意は未だに形成されていないが，『認知心理学事典』においては，思考（thinking），推論（reasoning），問題解決（problem solving）のいずれもがそれと深い関わりがあると示されている[12]。また，プロジェクト・アプローチの文脈においては，知性的な能力はプロジェクトの問題解決のために観察したり調べたりする心的傾向といえる。これらを勘案すると，問題解決に向けて思考したり推論したり，観察したり調査したりする心的傾向は，知性を発

達させるものだと捉えることができる。この知性の発達については，子どもに対する観察記録や子どもが作成した制作物などから見取ることはある程度可能だろう。しかし，決して短期間で認知可能なものではなく，また，その全てを認知することができるわけではない。社会性・情動の発達についても，後述する「社会的スキル」などは認知的スキルに含まれるが，それ以外の多くのスキル等は，認知することが困難なものが多い。それ故本章において，認知的スキルとしては「知識」(knowledges) や「技能」(skills) を主に意味することとし，非認知的スキルは知性的・社会的・情動的な能力と関係するものとして論述していくこととする。

Ⅱ 認知的発達と認知的スキルの発達

（1）認知的発達を重視するプロジェクト・アプローチ

　DAP においては，低学年期，つまりおよそ6歳から8歳の子どもたちの認知的発達の傾向について詳述されている[13]。ただ，そこで述べられている認知的発達と，先述した認知的スキルの発達とは意味が異なる。前者は認知心理学における研究を土台として6歳から8歳の認知的発達について説明している。認知心理学の見解における「認知」は「感覚情報から感覚や順序，意味を引き出す能力を表すもの」[14]とされる。その発達，すなわち認知的発達についての研究はジャン・ピアジェ（Jean Piaget; 1896–1980）やレフ・S・ヴィゴツキー（Lev S. Vygotsky; 1896–1934）によって推進された。よって，IQ テストや学力検査，またはPISA によって測定される認知的スキルとは異なる意味をもつものである。プロジェクト・アプローチにおいては，認知的発達を考慮したその教授・学習過程において，認知的スキルを発達させることが主張されている。以下，その過程について明示していく。

　プロジェクト・アプローチは，ピアジェやヴィゴツキー，そしてかれらの後継者による認知的発達研究の知見に基づいた「構成主義的な見方」(a constructive perspective) を基本視座としている。カッツらは，「私たちは，子どもたちが周囲からたくさんの知識や情報，概念や事実を習得し，互いに共

有すると考える。つまり，子どもたちが周囲の世界についての理解を構成したり，誤って構成したりするという構成主義の見方をとっているといえるだろう」と言明した[15]。この見方に立ち，カッツらはさらに，「私たちの観点からいえば，教師の役割は，子どもたちが既に知っていることや理解していることを，かれらがもっと深く，もっと正確に理解したいことと生産的な関係づけができるように子どもたちを導くことである」と主張し，「子どもたちが周囲の重要な現象を能動的に構成し，理解を深くする方法」として，プロジェクト・アプローチをカリキュラムの一部分に加える必要性を説いた[16]。このように，プロジェクト・アプローチを包含するカリキュラムにおいては，認知的発達研究の知見に基づき，子どもたちが周囲の世界についての理解を能動的に構成する学習を，かれらがより深く，より正確に理解したいことと正確な関係づけができるように導くアプローチが教師に求められている。

（2）認知的発達の促進により認知的スキルを習得する

　認知的発達研究の知見に基づいた「構成主義的な見方」を基本視座としたプロジェクト・アプローチ実践において，カッツらは子どもたちが「知識」や「技能」を学習するべきだとしている[17]。「知識」については，「事実，情報，概念，着想，構成モデル，物語，作り話等」としており，それを習得しているかどうかを認知することが比較的可能な区分として捉えることができる。「技能」については，「音を認知する」，「絵を描く」，「はさみで切る」などといった，「簡単に観察することができるか，もしくは観察可能な行動から推測できるような行為についての単位」とされているので，これも認知可能な区分であるといえる。よってここでいう「知識」や「技能」は認知的スキルに相当するといえる。

　カッツらは，「知識」を「行動的知識」（behavioral knowledge）と「表象的知識」（representational knowledge）に分類し，その構成過程について説明している。「行動的知識」は例えば三輪車やブランコに乗る方法など，様々な手続きや役割，スキルを実行する方法を含む「主に実際的で手続き的な性質を持つ」知識である。一方，「表象的知識」は自転車やブランコが動く現象がどのように作用するのかについての知識など，経験から抽象化されて構成された高

次の概念的構造だとされている。カッツらは幼い子どもほど抽象的な「表象的知識」をもつことができないとして，例えば3歳の子どもは自宅の部屋を歩くことができる「行動的知識」は持ち合わせているが，その知識をスケッチや地図によって抽象的に表現する（represent）ことはできないとしている。また，5歳の子どもは母親と流暢に話す「行動的知識」は持ち合わせているが，かれら自身のことを説明したり，かれらの目的のために正確に言葉を使用したりするための構文論や文法の規則を形成する「表象的知識」を必要としていないとしている。では，幼児はどのようにして「表象的知識」を獲得していくのか。カッツらは，「行動的知識」を形成するための豊富な経験が，その後に形成される抽象的な「表象的知識」の発達のための基礎となることを主張している。例えば，子どもが自分の家に関する十分な「行動的知識」を蓄積することによって，自宅を案内する表現活動が徐々に可能になってくるということである。この主張に基づき，カッツらは「適切なカリキュラムとは，まず子どもの行動的知識を強化し，それから，それに関係した抽象的な表象を使用するように援助するものである」と言明している[18]。

　*DAP*においては，低学年期は既に「表象的知識」を獲得して使用することができる段階であることが示されている。ただし，低学年期の子どもたちは，まだ大人が行うような思考や問題解決能力を獲得しているわけではない。低学年期の子どもたちは具体的概念については象徴的ないしは精神的に操作できても，抽象的概念を操作することはできないのである。例えばある種の数学的なアルゴリズムを使ったり，歴史を年代で理解したり，死の不可逆性を完全に理解したりするまでにはもう少し時間を要するとされる。したがって*DAP*においては，低学年段階の子どもは対象や関係を表すために言葉や数などの象徴を使用することはできても，まだ具体的に参照することができるものが必要だとされている[19]。低学年期の子どもたちは「表象的知識」を獲得して使用できる段階には達しているが，抽象的概念を操作することができない故，「行動的知識」と「表象的知識」相互の獲得と強化がなお重要な段階だといえる。

　このような特徴を有する低学年期の発達において，*DAP*はプロジェクト・アプローチの必要性を以下のように示唆している。「大人と比べて，6歳から8歳

の子どもは，実際全ての認知領域で持っている知識は乏しく，かれらの思考や推論はその浅いレベルを反映したものになる。子どもの思考についてのこのような観点は，広く浅く学習テーマを網羅するのではなく，テーマについての深い知識と理解を獲得させようとする統合的カリキュラムや長期プロジェクトのような実践を支持するものである。」[20]すなわち，低学年期の子どもの認知領域で持っている知識は「行動的知識」においても乏しいレベルである。よって，テーマについての深い知識と理解を獲得させるような，つまり「行動的知識」を強化し，それに関係した抽象的な「表象的知識」の使用を援助できるような長期プロジェクトが必要であるということである。この「知識」の獲得の仕方は，子どもたちが周囲の世界についての理解を構成していくとする「構成主義的な見方」に立脚した仕方であるといえる。

　ここまで，認知的発達に伴って「知識」が獲得される過程について論述してきた。では，その過程において「技能」はどのように獲得されるのか。DAPにおいては，低学年期の子どもにおける「学びの構え」の獲得について以下のように述べている。「低学年の子どもに興味や趣味を深く追求させるのも，概念発達を援助する一つの方法である。子どもは知的な興味を抱く領域（例えば，恐竜，星，岩石，国旗）で，「専門知識」を獲得させるまでになると，そこまでの深い学習過程で得た学びへの構えを，他の領域の学習に広げることができるようになるのである。」[21]この記述にあるように，子どもたちは自分の興味や趣味を深く追求する中で，他の領域の学習への「学びの構え」を獲得する。カッツらは，そのような子どもたちの興味に基づいた実際的な活動の中で「技能」を使用することが「技能」の獲得や熟達に必要だとしている[22]。例えば恐竜に興味をもっている子どもは，図鑑に掲載される恐竜同士の大きさを比較する中で，計測スキルを獲得することができるだろう。カッツらによると，幼児にとって興味のあるほとんど全てのプロジェクトは，読み書き算のスキルを習得したり，応用したりする文脈になる。このように，「技能」の獲得においても，「子どもが自分自身で知識を構成していく」過程でそれを獲得したり熟達させたりするという「構成主義的な見方」が重視されることになるといえる。

Ⅲ 社会的・情動的発達を促進するプロジェクト・アプローチ

（1）社会的・情動的発達の定義

　本節では，プロジェクト・アプローチが低学年期の子どもの社会的・情動的発達に相応しい機会を提供することについて明示する。

　まず，DAP やカッツのいう社会的・情動的発達とは何かについて触れておく。DAP においては社会的発達の過程を，周囲の大人や子どもとの社会的相互作用の変容の過程と捉えているように読み取れるため[23]，本章においても社会的発達の意味をそのように捉えることにする。一方，情動についてカッツは，「情動は，動機の根底にある基盤を形成し，問題解決を引き起こし，様々な活動や状況への参加を刺激する。情動は生存に寄与する本質的な適応能力である」としている[24]。通常，情動とは，喜びやかなしみの精神状態を指し，生物学的なものだと考えられがちである[25]。一方カッツは，情動を「様々な活動や状況への参加を刺激」するものであったり，「適応能力」であったりするとしており，つまり，社会的な関係において影響を与えたり与えられたりするものであるように捉えている。確かに，「怒り」という情動一つとってみても，他者との関係の中で生じるものであるし，その情動は他者に影響を与え得るものである。一方，「喜び」の情動が生じる場面は状況によって様々であるが，例えば，思いや願いを叶える先に喜びを感じる場合，喜びは問題解決によってもたらされるものとなり，さらに次の問題解決は喜びを得るために生じることにもなり得る。この点において，カッツのいうように情動は問題解決を引き起こすものである。また，「喜び」の情動も，周囲の世界との関わりの中で生じる故，社会的なものだといえる。それ故，カッツは社会的発達と情動的発達を区別して論じていない。よって本章においても，社会的発達と情動的発達を区分けせずに，社会的・情動的発達として論述していく。

（2）低学年期の子どもの社会的・情動的発達の特徴

　低学年期の子どもたちの社会的・情動的発達の特徴については DAP に詳しい[26]。DAP においては低学年期の子どもの社会的・情動的発達の特徴を述べ

に先んじて，子どもたちの認知的発達が社会的・情動的発達にも影響すること
について述べている。5歳から7歳の間に生じる認知面での転換は，子どもの
他者理解のみならず，自己理解へも影響を及ぼす。就学前の子どもたちは「私
は計算が得意だ」，「私は優しい」などのように，能力や性格で自分を説明する
が，おおよそ7歳から8歳までには，子どもたちは例えば「ジョアンは好きだ
けど，彼女がまとわりつくのは嫌です」や，「算数は得意だけれど，国語は苦手
です」というように，同時に二つの感情を持つことができるようになるという。
また学齢期の子どもたちは自分自身について少なくとも学業面，社会面，身体
面の三つの側面からのイメージを持つとされているが，8歳頃までにこれらの
イメージは統合されるようになり，例えば自分が好きなのか嫌いなのか，どれ
ほど好きか嫌いかなどのように，子どもが自分に関して言葉で表現できる一般
化したイメージになっていくという。これらは先述した構成的な認知的側面の
過程に見られる成長といえるだろう。

　このように自己理解について一般的なイメージを表すことができるようになっ
てくる低学年期において，自尊心すなわち自分の存在価値の評価や自分の能力
に関する誇りや羞恥心が，より現実的でより正確なものになるという。例えば
子どもたちは小学校に入学してくる時，たいていは自分の能力を過大評価し，
愉快なまでに自信に溢れている。そのような子どもたちも，少し大きくなると，
自分の能力の限界が分かり始め，社会的な比較をするようになってくる。子ど
もたちは自分自身と他人を，有利な点と不利な点で比較するようになる。この
情報が子どもたちの自己概念の一部となり，個々の活動に影響を及ぼすように
なるという。例えば，子どもは自分が優れているのは理科なのか，図画工作科
なのかそれともサッカーなのかということを知り，それが人生の決定に影響を
及ぼすのである。

　このように，低学年期の子どもたちは他者との比較をすることができる社会
的発達の過程に至り，自分の得意不得意などを見出しながら自己概念や自尊心
を更新していく。その中で子どもたちの喜怒哀楽を感じる状況，すなわち，子
どもたちの情動も変化していくのである。

（3）社会的・情動的発達に相応しいプロジェクト・アプローチ

　では，低学年期の社会的・情動的発達に相応しい教育的介入とはどのような
ものか。カッツらは*Engaging*の中で，「社会的コンピテンスは他者との相互作
用の中で発達していく」といい，他者との有機的な相互作用を経験することの
できるプロジェクト・アプローチを推奨している[27]。この社会的コンピテンス
の感覚の発達は，子どもたちの社会的・情動的発達を促進し得るものだといえ
る。カッツは1997年に出版した*Fostering Children's Social Competence:
The Teacher's Role*『子どもたちの社会的コンピテンスを促進する――教師の
役割――』の中で，社会的コンピテンスを有する者について，「環境や個人の
資源を使用して，良好な発達の成果，つまり所属するグループ，コミュニ
ティー，及びより大きな社会への満足で十分な参加と貢献を可能にするような
発達的成果を獲得する者」と定義している。これによると良好な社会性の発達
とは所属するグループ，コミュニティー及び，より大きな社会への満足で十分
な参加と貢献を可能にするような発達である[28]。つまり，そのような社会性の
発達（社会的発達）を促進させる教育的介入が望ましいということになる。一
方，後述するように，社会的コンピテンスを構成する四つの内容の一つ目に
「情動の調整」（emotion regulation）が挙げられており，子どもたちが自分の
情動を建設的に導き，調整することを支援する教育的介入の必要性が述べられ
ている。これは，OECDが掲げる「社会的情動的スキル」（social and emotional
skills）の一つである「情動の管理」（managing emotions）[29]に類似するもので
あり，情動的発達の中でも重要なものといえる。よって，社会的コンピテンス
の感覚を発達させることは社会的・情動的発達を促進するものだといえる。

　ここからはまず，社会的コンピテンスの四つの内容について概説し，次に，
それらの内容を促進するプロジェクト・アプローチの協同的な精神的雰囲気に
ついて述べる。

　カッツは，社会的コンピテンスの内容として「情動の調整」，「社会的な知識
理解」（social knowledge），「社会的スキル」（social skills），「社会的な心的
傾向」（social dispositions）の四つを提示しているので，以下に記載する[30]。

① 情動の調整

　カッツが社会的コンピテンスの内容の一つ目として提示するのが「情動の調整」である。カッツは「情動の調整」の定義については，パメラ・M・コールら（Pamela M. Cole, Margaret K. Michel & Laureen O. Teti）に依拠して「自然発生的な反応を可能にするのに社会的に許容可能で十分に柔軟な方法で，一連の情動を用いて，継続的な経験の要求に応える能力，及び必要に応じて自然発生的な反応を遅延させる能力」としている。彼女は幼児期における情動調整能力の涵養のための教育的介入の必要性について，「社会的コンピテンスを強化する上での教師の役割の一部は，子どもたちが自分の情動を建設的に導き，調整することを支援することである」と主張している。

② 社会的な知識理解

　社会的な知識には，参加するグループの規範や主要な社会的慣習に関する知識が含まれるという。例えば，子どもたちが物語や映画，テレビ番組のキャラクターの知識を共有することで，様々なグループ遊びの活動への参加が容易になる。一方，社会的な理解には，仲間との相互作用の中での他者の反応を正確に予測したり，他者の好みを推測したり，他者が経験した感情を理解したりする能力が含まれる。他者とのコミュニケーション，議論，交渉，交代，協同，相互作用の開始，妥協，共感などに関する能力は全てこの社会的な理解のタイプに基づくとされている。社会的に有能とされる幼児は，この社会的な知識理解に秀でている。つまりかれらは，共通の基盤を確立し，情報交換し，類似点と相違点を探求することによって，自分の行動を他者の行動とシンクロナイズすることができるということである。

③ 社会的スキル

　幼児期の子ども同士の間では，遊んでいるグループに入れてもらう（あるいは入れる）スキル，仲間との遊びや活動の途中で交替するスキル，話者交替のスキル，他者の活動に前向きな理解を表すスキル，他者に活動内容の情報を求める（尋ねる）スキル，仲間同士の継続的な話し合いに貢献するスキルなどが

見られる。これらのスキルが社会的スキルである。このような社会的スキルは社会的コンピテンスの内容の中でも認知可能なものだといえる。カッツは，このような社会的スキルの獲得が社会参加と社会的成功へとつながるとしている。

④ 社会的な心的傾向

　カッツは心的傾向を，心の比較的永続的な習慣，もしくは様々な状況における経験に対応する特徴的な方法と定義している。心的傾向の例としては，好奇心，面白さ，創造性，衝動性，反省的な傾向，愛想のよさ，好戦的な傾向，貪欲などが挙げられている。この心的傾向の中でも，向社会的な心的傾向としては，受け入れる傾向，友好的，共感的，寛大な，あるいは協同的な傾向が含まれるとされる。一方，論争的，敵対的，偉ぶる，自己陶酔的であるなどの心的傾向は，社会的困難に陥る可能性のある心的傾向として例示されている。多くの心的傾向は生まれつき備わっていると考えられているが，社会的心的傾向の多くは経験から学ばれるとされている。また，カッツにおいては心的傾向は指導から学ばれる可能性は低いともしている。カッツは，協同性や責任感，共感などの向社会的な心的傾向は，子どもたちが実際の文脈の中でそれらを表現する機会が十分にあるときに強化されると主張している。

　これら社会的コンピテンスの感覚の発達を効果的に促進させるアプローチがプロジェクト・アプローチである。プロジェクト・アプローチにおけるクラスでの協同的な精神的雰囲気（cooperative ethos）を大切にしたトピック探究の中で，より効果的に社会的コンピテンスは獲得される[31]。プロジェクト・アプローチをカリキュラムの一部とするクラスにおいては，協同的な精神的雰囲気が作られる。プロジェクトの作業の中で，全ての子どもがグループに貢献することが期待され，奨励されるその状況において，一人ひとりが共有した目標を叶えるために作業をする。また，お互いの努力がお互いの作業を刺激し合い，学び合う。その結果，共有の成果を最大限にできるようになるのである。

Ⅳ プロジェクト・アプローチ実践事例の紹介と検討

（1）プロジェクト・アプローチ実践事例の紹介

　ここからは，プロジェクト・アプローチの実践事例を紹介する。その後，実践事例が実際に子どもたちの知的・社会的・情動的発達や認知的スキルの発達を促進し得るものかどうかを検討していく。

　実践事例は，プロジェクト・アプローチを支持して実践するパメラ・モアハウス教諭（Pamela Morehouse; 通称パム教諭）によるものである。プロジェクト・アプローチは全米に広がり，多くの実践者が存在する。パム教諭もその一人である。本実践事例は，スザンヌ・L・クローグ（Suzanne L. Krogh）とモアハウス著の *The Early Childhood Curriculum* において社会科のプロジェクトとして紹介された実践事例である[32]。本事例はまた，1995 年発行の *Educational Leadership* の第 52 号においても異なる視点で記載されたものである[33]。本章では，それらを一つにまとめて記載した。また本事例は，幼稚園5，6歳児と小学校1年生から成る学級（通称，ルーム4）で行われたものである。以下，その詳細を記載する。

　パム教諭のクラスの子どもたちは，自分たちが飛行機を造ることができることを一度も疑わなかった。かれらはコミュニティーからの少しの助けによってそれができることを知っていたのだ。

　パム教諭のクラスの子どもたちは，プロジェクト・アプローチを使用して，自分たちの mind を没頭させることに慣れていた。パム教諭が飛行機のパイロットであることがきっかけで，子どもたちはかれら自身で飛行機造りに関するプロジェクトをすることを選んだ。そしてその研究が深まってきたとき，子どもたちは自分たちが得た知識を証明するために，自分たちの飛行機を設計して造ることに決めた。

　子どもたちは，実際の飛行機造りには手助けが必要であるという合意に達したので，コミュニティーの職人に助けを求めた。かれらは，地元の建築請負業者のカール・マットソンを雇った。もちろん，かれらにはカールを雇うほどの

持ち合わせはなかったが，かれらはカールが釣り人であることを知っていた。かれらはお金の代わりに教室にある堆肥箱の中のミミズによってカールを誘ったのだ。以下が，子どもたちの手紙である。

　　カールへ

　　　私たちは，あなたを教室へ招待します。なぜなら，私たちは飛行機を造るための助けが必要だからです。なので，来てください。私たちは代わりに，あなたの庭のための何匹ものミミズをあげるでしょう。

　　　　　　　　　　　　　　　　　　　　　ルーム 4 の子どもたちより

また，子どもたちは以下のような契約書も作成した。

　　ルーム 4 とカールとの契約

　　　1．1 時間あたり 50 から 100 匹のミミズを提供します。

　　　2．ミミズを釣りに使用しないでください。

　　P.S.　私たちは信用するでしょう。

このように，幼い起業家たちは，飛行機造りのお手伝いに雇った建築請負業者との厳然たる交渉をした。子どもたちは，教室の堆肥にいる 50 から 100 匹のミミズを 1 時間ごとに支払うことにし，カールが訪問して働いた時間を詳細に把握した。コーヒーブレイクの時の費用は彼に支払わなかったのだ。

子どもたちはカールから，道具や材料，管理や安全について学んだ。かれらはドライバーや紙やすりを集め，分類して整理した。かれらは計画を考え，推断し，作成した。そしてかれらは木材に釘を打ち付け，下塗りをし，色塗りをした。子どもたちはまた，より大切な仕事を引き受けるにあたって委員会を作った。それは，内装や外装の安全性を検査する委員会，材料の管理，品質管理の委員会などを含んだものだった。子どもたちは，カールがベニヤ板に目視で引いた木材カットのための熟達したチョークラインに魅了された。かれらはかれら自身でチョークラインを引く方法を開発した。それは小さな袋と石，

チョークの破片，そして糸を使う方法であり，その発明にはカールでさえ衝撃を受けた。カールが飛行機や飛行機操縦への知識を広げると同時に，子どもたちは絶えず，質問を尋ねたり，疑問への回答を見つけ出したりした。

　子どもたちに見合った大きさのリアルな飛行機を造るために大きな障害となったのは，本物の飛行機部品の欠如だった。アメリカ最大の航空機会社の一つであるボーイング・カンパニーは子どもたちが飛行機の内装のための部品を入手する助けとなった。子どもたちは，ボーイング・カンパニーの教育部門の組織マネージャーに以下のような手紙を書いた。

　　トボルスキーさんへ
　　　私たちは飛行機について調べていて，飛行機を造ろうとしています。あなたたちは，私たちが教室で使えるいらないパーツを持っていますか。もしくは私たちにアイディアを教えてくれますか。よろしくお願いします。
　　　　　　　　　　　　　　　　　　　　　　　　　　　　ルーム4　K-1
　　P.S.　お返事を書いてください。

　子どもたちはボーイングの倉庫で使用する500ドルのサービス券を受け取り，そこで座席の材料と飛行機の操縦室に組み入れる器械のパーツを手に入れた。
　子どもたちが次に必要としたのは，飛行機に搭乗する場所だった。チェックインのための机が設置され，荷物はフロアスケールで計量された。デザインされたチケットは印刷され，価格設定もされてチケット販売所で売られた。子どもたちは実に，注意深い到着と出発の管理を包含する空港全体の経験を再現したのである。
　子どもたちに生じた次なる議題は，その飛行機がどこを飛ぶべきかというものだった。パム教諭は，またさらにカリキュラムを統合し，生徒の興味に基づいたプロジェクト構築を望み，子どもたちにかれらが行きたいと思う場所について一晩考えるように頼んだ。一方パム教諭のその一晩の課題は，同校4年生担任の同僚と相談して，4年生が自分たちも調査しながら，彼女の幼い子どもたちの助けができるようにスケジュールを調整することだった。

次の日，子どもたちは溢れんばかりの飛行機が飛ぶ場所のアイディアを学校に持ち込んだ。また，4年生のパートナーも選ばれた。長い対話の後，それぞれのペアは，自分たちが調査する目的地を決めた。子どもたちが選んだ目的地には，例えばカナダ，中国，エジプト，フロリダ，インド，メキシコ，ニューメキシコ，サギノーなどがあった。パム教諭は普段直接経験による子どもたちの学習に焦点を当てるように努力しているが，実際にこれら全ての場所を訪れることは不可能だった。しかしながら，子どもたちには家族や友達がおり，情報源とする地元の旅行会社があり，本やウェブサイトで調べることもでき，そして4年生の友達の助けもあった。かれらが調査した疑問は，それぞれの地域の気候，休日，住まい，衣服，子どもの遊ぶゲーム，ペット，学校などを含んだ。子どもたちは疑問への回答を得たとき，グラフや表を用いて情報を比較対照させた。かれらはカラフルな三つ折りの旅行パンフレットを作った。それぞれの目的地のための大きなポスターも創作され，飛行機の前のイーゼルに置かれた。飛行機のパイロットや乗客に，そのポスターを見て飛んでいる場所を思い出させるためである。最終的に，旅行会社が設置され，子どもたちは自分たちの作成した資料とともに，そのポスターをストックした。

　そして遂に，赤と青で塗られた外装で4人掛けの高翼機，ベニヤ板の飛行機が完成した。その後何か月もの間，飛行機と，それから派生する活動は豊富なロールプレイと学習経験を提供した。子どもたちは，教室への何人かのゲストと専門的知識を共有することにより，他の大陸やそこで生活する人々への理解を強固なものにした。

（2）プロジェクト・アプローチ実践事例の検討

　本実践からは，パム教諭が「構成主義的な見方」（ⓐ）に立つことで，子どもたちが必然性に駆られて「知識」（ⓑ）や「技能」（ⓒ）などの認知的スキルを獲得し，使用する機会が見受けられる。また，飛行機造りに関するトピック探究に協同的に取り組む雰囲気の中で，社会的コンピテンスの内容である「情動の調整」（ⓓ），「社会的な知識・理解」（ⓔ），「社会的スキル」（ⓕ），「社会的心的傾向」（ⓖ）の感覚を発達させる機会も随所に読み取ることができる。さ

らに本実践は，プロジェクト・アプローチの知性的目標，すなわち「子どもたちが自身の経験や環境についての理解を深めるような方法で，子どもたちのmind が没頭し，それによって子どもたちが自身の知性的な能力（観察したり調査したりする心的傾向）への自信を強めていく」（ⓗ）ことが適う実践であるともいえる。以下において，上記のⓐからⓗを見取ることができたり，それらが涵養されたりする箇所について読み取っていく。

　本実践はパム教諭が飛行機のパイロットであることがきっかけで，子どもたち自身が飛行機造りというトピックを選定したものである。これは，「子どもが自分自身の知識を構成する」という主張に基づいた「構成主義的な見方」に立脚した実践導入過程であるといえる（ⓐ）。そして，子どもたちが飛行機造りについての研究を深め，その過程で得た知識を証明するために，かれらは飛行機を設計して造ることを決めた。この一連の過程は，飛行機造りに関する「行動的知識」をあれこれと積み重ね，それを一つの飛行機を造るために抽象化して構成する「表象的知識」へとつながっていく過程だといえる（ⓑ）。「構成主義的な見方」に立った教師の支援は実践の他の箇所にも見られる。実践全体を通してその見方は一貫されているが，文面に明示されている箇所としては，子どもたちが飛行機の旅行先を選定し，その土地への理解を深めていくための教師の環境構成の仕方である。子どもたちはまず，思い思いに自分たちが行きたい場所を選定した。その子どもたちの思いは，4 年生のパートナーや家族，友達，地元の旅行会社などとの相互作用や，本やウェブサイトにおける情報収集による「知識」の構築へとつながった。また，子どもたちは得た情報をグラフや表を用いて比較対照させたり，旅行パンフレットを作ったりした（ⓐ→ⓑ，ⓒ）。このように，「構成主義的な見方」に立つ教師は，「子どもが自分自身で知識を構成していく」過程で，かれらがもっと深く，正確に理解できることを構築できるような環境設定を行ったのである。

　では本実践において，社会的コンピテンスに関する発達は涵養され得たのか。まず，本実践が行われる前に，子どもたちが自分たちで飛行機を造る自信に満ちていたことに注目したい。ルーム 4 の子どもたちは，本実践以前にも様々なプロジェクトを行ってきたのだろう。その中で既に子どもたちは，「動機の根底

にある基盤を形成し，問題解決を引き起こし，様々な活動や状況への参加を刺激する」情動を建設的に導く調整をしてきたように読み取ることができる（ⓓ）。

　また，子どもたちは，事あるごとに子ども同士の話し合いをし，合意形成していることも読み取ることができる。例えば子どもたちは，飛行機造りには手助けが必要だという判断や，飛行機の目的地の決定に対する合意形成をしている。このような他者との相互作用の場面において，子どもたちは自分の思いを押し付けるのではなく，相手の感情を理解して共感したり，相手の意見と自分の意見との折り合いを付けたりする必要が出てくる。このような場面において，社会的コンピテンスの内容である「社会的な知識・理解」（ⓔ）や話者交替，他者に対して前向きな理解を表すスキルなどの「社会的スキル」（ⓕ）の感覚が発達すると考えられる。

　さらに，子どもたちは飛行機造りの作業過程で必要性に駆られて品質管理・安全管理等の責任ある委員会をそれぞれ所属することになった。このような場面において，子どもたちは協同性や責任感などの心的傾向（ⓖ）を涵養する機会を得ることができる。

　このように，本事例において社会的コンピテンスを発達させる機会が見受けられるが，その機会のどれもが，子どもと周囲の者とのたくさんの知識や情報，概念や事実の共有から発展した，すなわち「構成主義的な見方」に立脚したものであることには留意したい。

　プロジェクトが子どもたちにとって有意義なものになる決め手は，いかにそのトピック探究に子どもたちが没頭するかどうかにかかっているといっても過言ではない。子どもたちが飛行機造りのプロジェクトに没頭した理由は，「構成主義的な見方」によって子どもたちが自分自身で判断していく機会が与えられていたことが一つの理由だろう。そしてもう一つ大きな理由として，パム教諭とクラスの子どもたちでつくり出す協同的な精神的雰囲気が挙げられる。子どもたち一人ひとりが飛行機造りのために貢献することを期待される雰囲気の中で，お互いの作業努力がその目標達成に貢献することができる。そのような前向きな雰囲気の中で，子どもたちは力を発揮していったのだろう。子どもたちの飛行機造りに関する調査がダイナミックな成果に結びついた本実践は，知性

的目標，すなわち「子どもたちが自身の経験や環境についての理解を深めるような方法で，子どもたちのmindが没頭し，それによって子どもたちが自身の知性的な能力（観察したり調査したりする心的傾向）への自信を強めていく」（ⓗ）ことに適った実践であるといえるだろう。よって，プロジェクト・アプローチは知的・社会的・情動的能力と認知的スキルを有機的に発達させる機会を提供する教授・学習アプローチであるといえる。

おわりに

　以上，プロジェクト・アプローチによる知的・社会的・情動的発達と認知的スキルの発達について述べてきた。

　本章において，プロジェクト・アプローチの基本視座である「構成主義的な見方」は認知的スキルのみならず，知的・社会的・情動的な能力の発達にも適したものであることが明らかになった。また，教師と学級の子どもたちとでつくり出す協同的な精神的雰囲気が子どもたちの社会的コンピテンスの発達に影響を与えることも示唆された。生活科において，知的・社会的・情動的な能力の発達を促す実践を行うにあたり，このようなプロジェクト・アプローチから得られた示唆をどのように生かしていくのかについては，今後の課題としたい。

（西野雄一郎）

【注】

1) Suzanne L. Krogh and Pamela Morehouse., *The Early Childhood Curriculum Inquiry Learning Through Integration,* 2nd Edition, New York and London: Routledge Taylor & Francis Group, 2014, pp. 7–8.

2) NAEYC はおよそ6万人の幼児教育関係者と52の関連団体で構成される全米最大規模の幼児教育関連組織であり，幼児教育における実践，政策，研究を結びつけ，0歳から8歳までの全ての幼児に質の高い幼児教育を促進している協会である。
https://www.naeyc.org　（2022年9月30日確認）

3) Sue Bredekamp and Carol Copple., *Developmentally Appropriate Practice in Early Childhood Programs,* Revised Edition, Washington, D. C.: National Association for the Education of Young Children, 1997.
シュー・ブレデキャンプ，キャロル・コップル編　白川蓉子監訳『乳幼児期の発達にふさわしい教育実践』東洋館出版社，2000年。

4) プロジェクト・アプローチは歴史的研究や最新の研究に加えて全米中の多くの実践者の経験を基盤としており，今尚成長し続けているアプローチといえる。また，そのアプローチは教科ではないが，その特質は生活科と類似しているため，それから得られる示唆は大きいと考える。拙稿としては，以下の論文があるので参照されたい。
西野雄一郎「プロジェクト・アプローチの歴史的変遷に関する研究──二項対立の枠組みを乗り越えるアプローチの事例検討──」『生活科・総合的学習研究』第 18 号，愛知教育大学生活科教育講座，2022 年，41～48 頁。（本章の実践事例は，本稿に掲載した事例を修正したものである。）
西野雄一郎「幼児期における「協同性」の生活科学習への接続に関する研究──プロジェクト・アプローチにおける「協同性」からの示唆を生かして──」『せいかつか＆そうごう』第 28 号，日本生活科・総合的学習教育学会，2021 年，50～61 頁。
西野雄一郎「アメリカにおける幼児期から低学年期の探究型学習についての研究」『愛知教育大学研究報告（教育科学編）』第 69 輯，愛知教育大学，9 頁～ 17 頁。

5) Lilian G. Katz and Sylvia C. Chard., *Engaging Children's Minds: The Project Approach,* Norwood, New Jersey: Ablex Publishing Corporation, 1989.

6) Lilian G. Katz and Sylvia C. Chard., *Engaging Children's Minds: The Project Approach,* Second Edition, Stamford, Connecticut: Ablex Publishing Corporation, 2000, p. 2.

7) Suzanne L. Krogh and Pamela Morehouse., Op Cit.

8) Lilian G. Katz and Sylvia C. Chard., *Engaging Children's Minds: The Project Approach,* Second Edition, Op Cit., pp. 5–6.

9) *Ibid.*, pp. 6–7.

10) James J. Heckman., *Giving Kids a Fair Chance,* Cambridge and London: The MIT Press, 2013, pp. 3–6.
ジェームズ・J・ヘックマン　古草秀子訳『幼児教育の経済学』東洋経済新報社, 2015 年，10～12 頁。

11) ここでは『認知心理学事典』にしたがい，intelligence を「知性」と訳している。一方カッツは，intelligence という用語を使用せず，intellect を使用している。カッツの用いる intellect は，『認知心理学事典』に記されている intelligence と同義の使用方法であることが読み取れるため，本章ではカッツの使用する intellect も「知性」と訳して記載している。

12) ステファン・E・パーマー　重野純訳「知覚の発達」ミカエル・W・アイゼンク編 野島久雄，重野純，半田智久訳『認知心理学事典』新曜社，1998 年，285 頁。

13) シュー・ブレデキャンプ，キャロル・コップル編　白川蓉子監訳，上掲書，257～268 頁。

14) ステファン・E・パーマー，上掲書，279～285 頁。

15) Lilian G. Katz and Sylvia C. Chard., *Engaging Children's Minds: The Project Approach,* Second Edition, Op Cit., pp. 26–28.

16) *Ibid.*, p. 28.

17) *Ibid.*, p. 25.

18) *Ibid.*, pp. 28–30.

19) シュー・ブレデキャンプ，キャロル・コップル編　白川蓉子監訳, 上掲書, 262～263 頁。

20) 同上書，264 頁。

21) 同上書，264 頁。

22) Lilian G. Katz and Sylvia C. Chard., *Engaging Children's Minds: The Project Approach*, Second Edition, Op Cit., pp. 31–32.

23) シュー・ブレデキャンプ，キャロル・コップル編　白川蓉子監訳, 上掲書, 37～38 頁。

24) Lilian G. Katz and Diane E. McClellan., *Fostering Children's Social Competence: The Teacher's Role*, Washington, D. C.: National Association for the Education of Young Children, 1997.

25) キース・オートリー　半田智久訳「情動」ミカエル・W・アイゼンク編　野島久雄，重野純，半田智久訳『認知心理学事典』新曜社，1998 年，187 ～ 192 頁。

26) シュー・ブレデキャンプ，キャロル・コップル編　白川蓉子監訳, 上掲書，268～273頁。

27) Lilian G. Katz and Sylvia C. Chard., *Engaging Children's Minds: The Project Approach*, Second Edition, Op Cit., p. 47.

28) Lilian G. Katz and Diane E. McClellan., *Op Cit.*, p.1.

29) OECD., "Chapter2 Learning contexts, skills and social progress: a conceptual framework" *OECD Skills Studies: Skills for Social Progress: THE POWER OF SOCIAL AND EMOTIONAL SKILLS*, OECD publishing, 2015, pp.31–44.
以下の翻訳書も参照した。
経済協力開発機構（OECD）編著　ベネッセ教育総合研究所企画・制作　無藤隆，秋田喜代美監訳『社会情動的スキル　学びに向かう力』明石書店，2018 年。

30) *Ibid.*, pp. 2–7.

31) Lilian G. Katz and Sylvia C. Chard., *Engaging Children's Minds: The Project Approach*, Second Edition, Op Cit., p. 9.

32) Suzanne L. Krogh and Pamela Morehouse., Op Cit., pp. 237–240.

33) Pam Morehouse., "The Building of an Airplane (with a little help from friends)," *Educational Leadership*, Volume 52, No.8, May 1995, pp.56–57.

生活科における「知性と社会性と情動」の考察
——学習指導要領における生活科の創設と その後の各改訂から——

はじめに

　本書の趣旨は，資質・能力時代における生活科の新たなパースペクティブとして「知性と社会性と情動の調和的な育成」を提案することである。平成元年の学習指導要領改訂によって，新教科である生活科が創設され，小学校低学年の理科と社会科は廃止された。その後，生活科は1992年4月から全面実施され，平成10年，平成20年，平成29年と3度の学習指導要領改訂を経て今日に至っている。

　周知のように伝統的な教科には土台となる学問分野，親学問が存在する。例えば，理科では生物学，地学，物理学，化学などであり，社会科では地理学，歴史学，政治学，法律学，経済学，社会学，哲学，倫理などである。しかし，生活科にはこのような親学問が存在しない。これまでの教育学の歴史において分離独立型教科の代案として合科教授，総合教授などが誕生したが，教科に代わるカリキュラムの組織形態としては短命であり衰退していったという事実が存在する。

　歓喜は「教科は教授のひとつの単なる組織形態であるにかかわらず，別の組織形態に代替することがかなり困難であることが，歴史的な教育経験となっているのはなぜであろうか。（中略）総合教授のさまざまな形態が，教授と学習の両方の側に，教科に比して体系性と系統性を保証することができなかったという事実と経緯がある。今世紀の多くの総合教授は，むしろ卑近な直接性と実利性のために意図され，陶冶と訓育を系統的に体系的に意図しないところから構成されたという点があった。」[1]と述べている。

　この指摘は，本書で提案する「知性と社会性と情動のパースペクティブ」にとって示唆に富む。それゆえ，本章では，平成元年の学習指導要領改訂における生活科の創設からその後，学習指導要領改訂において，生活科教育がどのよ

うに改善されてきたのか，その変遷の経緯をたどりながら「知性と社会性と情動」の観点から検討・考察し，資質・能力時代における生活科の新たな展望を見出したい。

I 平成元年における生活科の創設

生活科創設の背景と要因は，第一に思考と活動の未分化という小学校低学年の子供の発達特性に適合した教育活動ができる教科を求めたこと，第二に幼児教育と小学校教育の接続・発展を図ることを目指したこと，第三に子供の自然離れと生活習慣や生活技能の不足という現状とそれへの対応，第四に低学年の社会科及び理科の学習指導の実態が表面的知識の伝達に陥る傾向があったことへの反省，これら四つの要因に整理できる[2]。

第一，小学校低学年の子供は，思考と活動が一体である，つまり未分化であるとことに発達上の特性がある。それゆえ，具体的な活動や体験を通した総合的な指導や支援がこの時期の教育活動に必要だと考えられた。頭と心と身体で学ぶ教科の設置である。このことは，生活科が座学によって教科内容の理解を目指すのではなく，直接体験を重視した多様な学習活動を展開し，子どもの能動的な探究心を育み，自立の基礎を養う豊かな体験の世界を広げ深めていくことを目指しているからである。

第二，日本では幼児教育においても，幼稚園と保育所は制度的に異なる。また，幼児教育と小学校教育は，その理念や内容・方法においてだけでなく，人々の意識において連続していなかった。そして，幼児教育では遊びを中心に活動が展開されているが，小学校に入ると遊びと学習が区別されるという教育の断絶が，これまでも指摘されてきた。この断絶を埋めるために，生活科で幼小の滑らかな接続と発展が目指されたのである。

小学校低学年における子どもの心身の発達は，幼稚園の年長児から小学校中・高学年への過渡期的な段階であり，具体的な活動を通して思考するという発達上の特性が見られる。それゆえ，幼児教育との関連も考慮して，低学年では直接体験を重視した学習活動を展開することが，教育上効果的であると考え

られる。つまり、直接体験を重視することによって、子どもは学ぶ楽しさや成就感を実感することができる。そして、そこで学習したことを次の学習に生かしたり、子ども自身の生活に生かしたりしようとする意欲や態度等の育成を目指すことが、生活科の趣旨の一つであった。

第三、現在の子供を取り巻く生活環境は、我々が社会生活における快適さや効率性を求めるあまり、ますます人工的、人為的になり、その結果、子供は自然との触れあいが極めて少なくなり、また生活技能も不足し、生活習慣も乱れがちになっている。このような子供の実態にどう対応するかが学校教育に求められたのである。

生活科では、子どもが生活者としての立場から、家庭生活や学校生活、また地域での社会生活において必要な習慣や技能を身につけ、それを生活の中に生かすことができるようになることを目指している。しかし、生活科にあって習慣や技能の育成は、それだけを単独に取り上げて指導・支援するのではない。子どもが意欲的に取り組んでいる社会、自然及び自分自身にかかわる学習活動の過程において必要に応じ、適切な機会を捉えて指導・支援するのである。

第四、小学校低学年の子供に身近な自然や社会の事象について客観的に学習させることに、どのような意味があるのかという指摘があった。従前の社会科や理科の学習では、身近な社会や自然を観察の対象としてとらえがちであったのに対し、生活科では子ども自らが環境の構成者であり、またそこにおける生活者であるという立場から、それらに興味や関心をもつことをねらいとしている点に特徴がある。生活科は、子どもが身近な人や社会や自然に知的好奇心をもち、問題解決的な能力や態度を育てるとともに、具体的な活動や体験を通して、自分も社会や自然の構成員であり、自分と社会、自然との関係について、自ら納得して分かるようになることが重要なのである。

高浦勝義は、生活科が当初、活動や体験を通して社会認識や自然認識、自己認識の芽を育てようとする社会科と理科の合科的教科として構想されたが一大転換を遂げ、他の教科のような認識を目指す教科としてではなく、よき生活者として生活できるようになるという極めて実践的で実際的なねらいをもつ教科として新設されたと述べている[3]。その根拠は、平成元年の『小学校指導書　生

活編』で「生活科は，あれこれの事柄を覚えればよい教科ではない。具体的な活動や体験を通して，よき生活者として求められる能力や態度を育てることであり，つまるところ自立への基礎を養うことを目指しているのである。」[4]と書かれていることであったと思われる。

　このような背景と要因によって新設された生活科の特質は，生活科の教科目標である「具体的な活動や体験を通して，自分と身近な社会や自然とのかかわりに関心をもち，自分自身や自分の生活について考えさせるとともに，その過程において生活上必要な習慣や技能を身に付けさせ，自立への基礎を養う。」[5]で明示されている。すなわち，生活科の特質は「具体的な活動や体験を通すこと」，「自分と身近な社会や自然とのかかわりに関心をもつこと」，「自分自身や自分の生活について考えること」，「生活上必要な習慣や技能を身に付けること」という要素に基づきながら，「自立への基礎を養う」という究極的な目標を達成することである。

　それでは「自立への基礎を養う」ことは，生活科の究極的な目標であるが，ここでいう「自立」とは何か。それは，単なる生活習慣上の自立ではなく，学習上の自立であり，精神的な自立である。それゆえ，豊かな体験や活動，自分とのかかわりで学ぶこと，自分自身への気付きや理解を広げ深めることが，重要な意味をもつのである。それでは，小学校低学年に求められる「自立への基礎」とはどういうことか。今後，具体的な検討を必要とするとしながら，平成元年の『小学校指導書　生活編』では，下記のことが例示された。

・学級や学校で集団生活ができるようになる。
・自分のことは自分でできるようになる。
・自分の考えや意見がはっきりと述べられるだけでなく，人の話を聞くことができる。
・身近な社会や自然の事象に関心をもち，積極的にそれらに働きかけることができる[6]。

　本書の「知性と社会性と情動」という観点から考察すると，生活科は，先述したように単なる社会認識，自然認識，自己認識を形成するための教科ではなく，子供が社会事象や自然事象を自分のとかかわりで捉え，自分自身や自分

の生活について感じ考えるような学習が展開される教科である。それゆえ、生活科における基本的な視点が、①自分と社会（人々，物）とのかかり、②自分と自然とのかかわり、③自分自身で構成されている。生活科では、子供の思いや願い、自分自身への気付きが大切にされ、知性と社会性と情動が一体となる学習活動が展開される。ここでの「自分自身への気付き」とは、集団の中での自分の在り方、自分のよさや得意としていること、自分の成長に気付くことである。

　第1章で論じたCASEL 5の「自己への気付き」は、自分の感情、思考、価値観、そして、それらが状況を超えてどのように自分の行動に影響するかを理解するコンピテンスである。これには、自信や決意について確かな感覚をもちながら自分の長所と限界を認識する能力が含まれる[7]。「自己への気付き」は、アメリカにおけるSELが目指している5つの幅広い相互関係的なコンピテンス領域の一つである。OECDの社会情動的スキルの枠組みでは、「目標の達成」の中に忍耐力、自己制御、目標への情熱があり、「情動の管理」の中に自尊心、楽観性、自信がある。

　平成元年の生活科の内容に関しては、先述した三つの基本的な視点をさらに具体化した10項目の視点、「健康で安全な生活」、「身近な人々との接し方」、「公共物の利用」、「生活と消費」、「情報の伝達」、「身近な自然との触れ合い」、「季節の変化と生活とのかかわり」、「物の製作」、「自分の成長」が示された。

　生活科の内容には、これらの具体的な視点を背景にして第1学年で6、第2学年で6、合計12の内容があった。そして、具体的な視点は、生活科の内容を理解するための一つの手がかりであり、また、単元を構成する際にも内容面での示唆を与えてくれる。さらに、生活科においては、具体的な活動や体験は単なる手段や方法ではなく、内容であり方法であり目標でもある。すなわち、生活科は目標と内容と方法の統一を、その教科の特質と独自性としている[8]。

　このように、生活科の内容を構成する基本的な視点及び具体的な視点が、生活科における知識や技能の認知的な側面も含んでいることを忘れてはならないであろう。

Ⅱ 平成10年及び平成20年の
学習指導要領改訂における生活科

1　平成10年改訂における生活科

　平成9年11月の「教育課程審議会の中間まとめ」で生活科の現状と課題に関して，「児童の学習状況については，直接体験を重視した学習活動が展開され，おおむね意欲的に学習や生活をしようとする態度が育っている状況にあるが，一部に画一的な教育活動がみられたり，単に活動するだけにとどまっていて，自分と身近な社会や自然，人にかかわる知的な気付きを深めることが十分でない状況も見られる」[9]と指摘された。

　そして平成10年7月の教育課程審議会答申において，「児童が身近な人や社会，自然と直接かかわる活動や体験を一層重視し，こうした活動や体験の中で生まれる知的な気付きを大切にする指導が行われるようにするとともに，各学校において，地域の環境や児童の実態に応じて創意工夫を生かした教育活動や，重点的・弾力的な指導が一層活発に展開できるよう内容の改善を図る」[10]と提言され，平成10年の学習指導要領改訂において生活科の目標と内容も改善されることとなった。

　この改訂で生活科の目標は「具体的な活動や体験を通して，自分と身近な人々，社会及び自然とのかかわりに関心をもち，自分自身や自分の生活について考えさせるとともに，その過程において生活上必要な習慣や技能を身に付けさせ，自立への基礎を養う。」に改善された。

　核家族化，少子・高齢化などの社会変化にともない，人とのかかわりが希薄化している今日の子供たちの生活環境を考慮して，学校生活や家庭生活を支えてくれる人々，近所の人々や店の人々などを含む，身近な幼児，高齢者，障がいのある子供など，多様な人々と触れ合えるようにすることが目指されたのである。子供が多様な人々と直接にかかわることには大きな教育効果があり，それによって集団や社会の一員としての自分の在り方を考えたり，人と適切に接したりできるようになる。それは自立への基礎を養う上でも重要である。

　第1章で論じたCASEL5の「関係性のスキル」は，子どもたちに健全で支援

的な関係性を確立して維持し，多様な諸個人と諸集団に関する状況を効果的に操作するコンピテンスである。これには，効果的にコミュニケーションし，積極的に聞き，問題解決のために協働する能力，そして，異なる社会文化的な諸要求と有利な諸条件をもつ状況を操作する能力，必要な時にリーダーシップを発揮し，支援を求めたり支援したりする能力が含まれる[11]。OECD の社会情動的スキルの枠組みでは，「他者との協力」の中に社交性，敬意，思いやりがある。

このような「関係性のスキル」と「他者との協力」は自立への基礎を養うために不可欠である。従って，平成 10 年の学習指導要領改訂で生活科における多様な人々とのかかわりが重視されたのも当然であろう。この意味で，生活科は「社会性と情動の学習」でも極めて重要な教科と言える。

生活科の内容に関しては，これまで 2 学年で行うこととなっていた 12 の内容が，「学校と生活」「家庭と生活」「地域と生活」「公共物や公共施設の利用」「季節の変化と生活」「自然や物を使った遊び」「動植物の飼育・栽培」「自分の成長」で再構成され，これらの八つの内容が 2 学年まとめて示された。これは，各学校における地域の環境や子供の実態に応じた弾力的な指導，多様な活動や体験が一層展開できるようにするためである。1 年間ではなく 2 年間のスパンで生活科の単元構成や年間指導計画を考えること，子どもの興味や関心，地域環境の特色に応じた教材を選択し開発することなど，各教師，各学校の創意工夫が求められ，期待されていた。

生活科の具体的な視点は，子どもや学習環境の変化，社会的要請の変化等によって，その都度，若干の変更が加えられる。平成 10 年の改訂では表現が修正されたり，新たに文言が追加されたりした。特に大きな改訂点は「公共の意識とマナー」，「情報と交流」「時間と季節」「遊びの工夫」の四つであった。

平成 10 年の改訂において，「知性と社会性と情動」という観点で，特に注目すべきことは，「小学校学習指導要領解説　生活編」（平成 11 年）で「情緒的なかかわりと知的な気付き」について述べられていることである。小学校低学年における子供の気付きは，対象との情緒的なかかわりを示す傾向が強いと言える。しかし同時に，そこでは知的な気付きと呼ばれるものが育っていることを見落としてはならない。生活科での知的な気付きとは，子供が見付けた事物

や現象についての直観的な特徴付けやアイディア，比較や関係付けを行って得られた考え方を自らの論理として，それぞれの子供が進んで言い表すところのものであり，将来における科学的な思考や認識，合理的な判断，そして美的，道徳的な判断の基礎になるものである。子供の発言や行動に見る情緒的なかかわりを重視するとともに，そこに見られる知的な気付きがこれまで以上に注目されなくてはならない[12]。

2　平成20年改訂における生活科

　平成20年1月の中央教育審議会答申に基づいて行われた小学校学習指導要領改訂において，生活科に関して「活動や体験を通して得られた気付きを質的に高める指導が十分に行われていない」，「表現の出来映えのみを目指す学習活動が行われる傾向があり，表現によって活動や体験を振り返り考えるといった，思考と表現の一体化という低学年の特質を生かした指導が行われていない」，「児童の知的好奇心を高め，科学的な見方・考え方の基礎を養うための指導の充実を図る必要がある」，「安全教育を充実することや（中略）生命の尊さや自然事象について体験的に学習することを重視する」，「幼児教育と小学校教育との具体的な連携を図る」[13]という課題が指摘された。このような課題を踏まえ，下記のような「改善の具体的事項」が示された。

- ・自分の特徴や可能性に気付き，自らの成長についての認識を深めたり，気付きをもとに考えたりすることなどのように，児童の気付きを質的に高めるよう改善を図る。
- ・身の回りの人とのかかわりや自分自身のことについて考えるために，活動や体験したことを振り返り，自分なりに整理したり，そこでの気付き等を他の人たちと伝え合ったりする学習活動を充実する。
- ・中学年以降の理科の学習を視野に入れて，児童が自然の不思議さや面白さを実感するよう，遊びを工夫したり遊びに使うものを工夫して作ったりする学習活動を充実する。
- ・通学路の様子を調べ，安全を守ってくれる人々に関心をもつなど，安全な

登下校に関する指導の充実に配慮する。また，自然に直接触れる体験や動物と植物の双方を自分たちで継続的に育てることを重視するなど，自然の素晴らしさや生命の尊さを実感する指導の充実に配慮する。

・幼児教育から小学校への円滑な接続を図る観点から，入学当初をはじめとして，生活科が中心的な役割を担いつつ，他教科等の内容を合わせて生活科を核とした単元を構成したり，他教科等においても，生活科と関連する内容を取り扱ったりする合科的・関連的な指導の一層の充実を図る。また，児童が自らの成長を実感できるよう低学年の児童が幼児と一緒に学習活動を行うことなどに配慮するとともに，教師の相互交流を通じて，指導内容や指導方法について理解を深めることも重要である[14]。

目標に関して，平成20年の改訂では変更されなかったが，右記の図[15]のように，目標を構成する5つの要素が構造化され明示された。生活科の目標を最も端的に言えば，「具体的な活動や体験を通して，自立への基礎を養う」こ

生活科の教科目標

具体的な活動や体験を通して →

○自分と身近な人々，社会及び自然とのかかわりに関心をもつこと
○自分自身や自分の生活について考えさせること
○生活上必要な習慣や技能を身に付けさせること

自立への基礎を養う

とである。そして，生活科の学習では「自分と身近な人々，社会及び自然とのかかわりに関心をもつこと」，「自分自身や自分の生活について考えさせること」，「生活上必要な習慣や技能を身につけさせること」が行われるのである。

生活科の内容に関しては，内容構成の基本的な視点は変わらず，具体的な視点は，平成10年では10項目であったが，今回，「地域への愛着」が追加され，11項目となった。地域で働く人，地域で生活する様々な人や場所などに慣れ親しみ，それらに心がひかれ，離れがたく感じる気持ちを大切にすることができるようにするためであった。また，「生活と消費」が「生産と消費」に変更された。持続可能な社会が求められる中，自らが必要な物を作るとともに，それを繰り返し使ったり，活用したりできるようになるためである。その他，「健康で

安全な生活」に関しては，登下校など通学路での安全にも十分配慮した行動ができるようにする，「身近な自然との触れ合い」に関しては，自然の観察や動植物の飼育・栽培などを通して，生命を大切にすることができるようにするという改善がなされた。

　さらに，内容構成の具体的な視点を視野に入れ，小学校低学年の子供にかかわって欲しい学習対象として，①学校の施設，②学校で働く人，③友達，④通学路，⑤家族，⑥家庭，⑦地域で生活したり働いたりしている人，⑧公共物，⑨公共施設，⑩地域の行事・出来事，⑪身近な自然，⑫身近にある物，⑬動物，⑭植物，⑮自分のことが示された[16]。生活科の内容は具体的な視点と学習対象を組み合わせて行われる活動を中心に構成される。

　このように具体的な視点を視野に入れた学習対象が明確化されたことは，生活科の学習活動の展開において，その活動に対する子供たちの思いや願いを大切にしながら，その学習過程において学ぶことのできる知識と技能等の認知的側面がより具体的に示されたということである。それゆえ，生活科では認知的側面を決して軽視しているのではないと言えよう。

　平成 20 年の改訂においては，「学校と生活」，「家庭と生活」，「地域と生活」，「公共物や公共施設の利用」，「季節の変化と生活」，「自然や物を使った遊び」，「動植物の飼育・栽培」，「自分の成長」という八つの内容が検討され，新たな内容として「生活や出来事の交流」が加えられた。この内容では，自分の生活や地域の出来事を身近な人々と伝え合う活動を行い，互いのことを理解し合ったり心を通わせたりしてかかわることの楽しさを実感し，身近な多様な人々と進んで交流できることを目指している。

　加えて，平成 20 年の改訂では，次頁の図[17]のように生活科の内容の階層性が図式化された。第 1 の階層は子供の生活圏としての環境に関する内容であり，第 2 の階層は，低学年の時期に体験しておきたい活動に関する内容である。第 3 階層は内容の（1）から（8）のすべての内容との関連が生まれる階層として捉えることができる。それゆえ，内容（9）は，一つの内容だけで独立した単元の構成も考えられるし，他のすべての内容と関連させて構成することもできる。

　第 1 章で述べた OECD による社会情動的スキルの枠組の「他者との協力」，

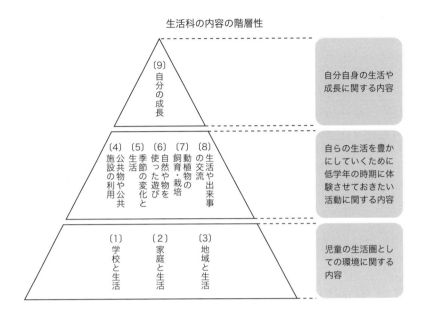

生活科の内容の階層性

（9）
自分の成長

自分自身の生活や
成長に関する内容

（4）公共施設の利用や公共物
（5）季節の変化と生活
（6）自然や物を使った遊び
（7）動植物の飼育・栽培
（8）生活や出来事の交流

自らの生活を豊か
にしていくために
低学年の時期に体
験させておきたい
活動に関する内容

（1）学校と生活
（2）家庭と生活
（3）地域と生活

児童の生活圏とし
ての環境に関する
内容

「情動の管理」，CASEL 5 の「自己への気付き」「関係性のスキル」が平成 20 年の学習指導要領の改訂においても重視されていることは明らかである。

　平成 20 年の改訂において，「気付きとは，対象に対する一人一人の認識であり，児童の主体的な活動によって生まれるものである。そこには知的な側面だけでなく，情意的な側面も含まれる。」[18]と明確に定義された。認識であるのに知的側面と情意的側面を含むという記述は矛盾であるが，実際には，この時期の子供の気付きが，知的側面と情意的側面が渾然一体となっていることは事実であろう。

　朝倉は，生活科における気付きの特質として，①主体的なかかわりの結果であること，②個別的・個性的であること，③具体的・現実的・感覚的・感情的であること，④直感的・直観的であり非連続的であること，⑤認識へと進展する可能性を有することに整理している[19]。ここでは指摘されていないが，気付きが次の自発的な活動を誘発するという意味では，思考の「契機」となる[20]ことにも留意しなければならない。

　生活科における気付きがこのような特質をもつので，活動を繰り返したり対

象とのかかわりを深めたりする活動や体験の充実こそが，気付きの質を高めていくことになる。個々の気付きをそのままにしておくのではなく，それぞれを関連付けられた気付きへと質的に高めていくために，見付ける，比べる，たとえるなどの多様な学習活動を工夫することが重要である[21]。

　朝倉は，気付きを経ることによって認識に至ることができ，学習者自ら「気付く」ところに学びの本質があり，それを経験することが後の学習を支えていくと主張している[22]。さらに，気付きが知的側面と情意的側面を含むので，生活科での「知性と社会性と情動の調和的成長」において，気付きは極めて重要であると言えよう。気付きを単なる認識の芽として捉え，そのプロセスだけを重視するのではなく，気付きが認識に至るプロセスの中での情動の働きを自覚し，それを調整することにも意義がある。

Ⅲ 平成29の学習指導要領改訂における生活科

　平成28年12月の中央教育審議会答申において，生活科の課題として，以下のように指摘された。

- ・低学年らしい思考や認識を確かに育成し，次の活動へつなげる学習活動を重視する。具体的な活動を通して，どのような思考力等が発揮されるか十分に検討する必要がある。
- ・幼児期に育成する資質・能力と小学校低学年で育成する資質・能力とのつながりを明確にし，そこでの生活科の役割を考える必要がある。
- ・スタートカリキュラムに関しては，生活科固有の課題としてではなく，教育課程全体を視野に入れた取組とする。また，スタートカリキュラムの具体的な姿を明確にするとともに，国語，音楽，図画工作などの他教科等との関連についてもカリキュラム・マネジメントの視点から検討し，学校全体で取り組む必要がある。
- ・社会科や理科，総合的な学習の時間をはじめとする中学年の各教科等への接続を明確にする。単に中学年の学習内容の前倒しにならないよう留意し

つつ，育成を目指す資質・能力や「見方・考え方」とのつながりを検討する必要がある[23]。

　以上のような課題を受け，平成29年学習指導要領改訂における生活科の基本的な考え方は，言葉と体験を重視した前回改訂を継続した上で，幼児期とのつながりや小学校低学年における各教科等の学習との関係性，中学年以降の学習とのつながりも踏まえ，具体的な活動や体験を通して育成する資質・能力（「思考力，判断力，表現力等」）が具体的になるよう見直された。特に，思考力等が強調されているのは，生活科に対して「活動あって学びなし」という批判が常に存在するからである。

　周知のように今次改訂では，育成を目指す資質・能力が明確化された。教育課程が全体を通して，育成を目指す資質・能力，つまり，①生きて働く「知識及び技能」の習得，②「思考力，判断力，表現力等」の育成，③「学びに向かう力，人間性等」の涵養という三つの柱に整理されたのである。さらに，各教科等の目標と内容に関しても，この三つの柱に再整理された。幼児教育から初等教育及び中等教育まで資質・能力の三つの柱に基づいて一貫して構造的・体系的に示されたことはこれまでにない大改革であった。学習指導要領等のコンテンツベースからコンピテンシーベースへの一大転換である。生活科における資質・能力については，本書の第6章で詳細に述べられているので，本節では，今次改訂における生活科の目標，内容等の改善の要点を踏まえ，生活科の「見方・考え方」，「主体的・対話的で深い学び」を中心に論じる。

　まず，目標は下記のように改善された。

具体的な活動や体験を通して，身近な生活に関わる見方・考え方を生かし，自立し生活を豊かにしていくための資質・能力を次のとおり育成することを目指す。

(1)　活動や体験の過程において，自分自身，身近な人々，社会及び自然の特徴やよさ，それらの関わり等に気付くとともに，生活上必要な習慣や技能を身に付けるようにする。

(2)　身近な人々，社会及び自然を自分との関わりで捉え，自分自身や自分の

生活について考え，表現することができるようにする。

(3)　身近な人々，社会及び自然に自ら働きかけ，意欲や自信をもって学んだり生活を豊かにしたりしようとする態度を養う[24]。

　(1) は「知識及び技能の基礎」，(2) は「思考力，判断力，表現力等の基礎」，(3) は「学びに向かう力，人間性等」である。「知性と社会性と情動」の観点では，「知識及び技能」と「思考力，判断力，表現力等」が認知的側面，「学びに向かう力・人間性等」が非認知的側面と理解できる。今次改訂では，それらを個性的で調和的に育成することが目指されている。

　生活科の内容に関して，具体的な視点及び学習対象は前回の改訂と同じであるが，各内容には一文の中に「学習対象と学習活動」，「思考力，判断力，表現力等の基礎」，「知識及び技能の基礎」，「学びに向かう力，人間性等」の四つが構造的に組み込まれた。例えば，内容 (1) 学校と生活は以下の通りである。

(1)　学校生活に関わる活動を通して，学校の施設の様子や学校生活を支えている人々や友達，通学路の様子やその安全を守っている人々などについて考えることができ，学校での生活は様々な人や施設と関わっていることが分かり，楽しく安心して遊びや生活をしたり，安全な登下校をしたりしようとする。

　このように全ての内容が，「〜を通して（具体的な活動や体験），〜ができ（思考力，判断力，表現力等の基礎），〜が分かり・に気付き（知識及び技能の基礎），〜しようとする（学びに向かう力，人間性等）」のように構成されている。小学校低学年の子供によき生活者としての資質・能力を育成していくためには，子供が実際に対象に触れ，活動を通して，その対象について感じ，考え，行為していくとともに，その活動によって，対象や自分自身への気付きが生まれ，それらが相まって安定的で持続的な態度として学びに向かう力を育成し，確かな行動へと結び付けていくことが重要である[25]。それゆえ，各内容の記述が上記のような構成に改善されたのである。

学習指導の改善に関しては，具体的な活動や体験を通して気付いたことを基に考え，気付きを確かなものとしたり，新たな気付きを得たりするようにするため，活動や体験を通して気付いたことなどについて多様に表現し考えたり，「見付ける」，「比べる」，「たとえる」，「試す」，「見通す」，「工夫する」などの多様な学習活が重視された[26]。

　気付きが一人一人の認識であり，子供の主体的な活動によって生まれ，知的側面だけではなく情意的側面も含まれるという定義に変更はないが，以下のように説明が加えられた。

　自分が「あれっ」「どうして」「なるほど」などのように何らかの心の動きを伴って気付くものであり，一人一人に生まれた気付きは吟味されたり一般化されたりしていないものの，確かな認識へとつながるものとして重要な役割をもつ。無自覚だった気付きが自覚されたり，一人一人に生まれた個別の気付きが関連付けられたり，対象のみならず自分自身についての気付きが生まれたりすることを，気付きの質が高まったという。気付きは確かな認識へとつながるものであり，知識及び技能の基礎として大切なものである[27]。

　平成元年の改訂における生活科の創設の時から「気付き」が重視されていたが，その後，平成10年の改訂では「知的な気付き」，平成20年の改訂では「気付きの質を高める」，平成29年の改訂では「気付きを確かなものにし関連付ける」というように生活科の指導書，解説ではその記述及び説明が変遷してきている。この変遷を表層的に解釈するならば，気付きと思考の関係が重視され認識的側面が強調されているように思われる。しかし，一貫して気付きの情意的側面も述べられている。従って，生活科の学習指導においては，認知的側面と非認知的側面の両方，すなわち，知性と社会性と情動の学習を大切にする必要がある。

　ところで，2015年8月の「教育課程特別部会の論点整理」では，学習指導要領改訂の議論において，アクティブ・ラーニングによる授業の工夫や改善が，本来の目的を見失い，特定の学習や指導の「型」に拘泥する事態を招きかねないのではないかとの指摘があったと述べられている[28]。それゆえ，平成29年の改訂では，アクティブラーニングに代わって「主体的・対話的で深い学び」

が示された。

　学習過程としては，「主体的な学び」，「対話的な学び」，「深い学び」の三つの視点が一体として実現され，相互に影響し合っている。しかし，これらは，学びの本質として重要な点を異なる側面から捉えたものであり，授業改善の視点としてはそれぞれ固有の視点であることに留意する必要がある。単元や題材のまとまりの中で，子供たちの学びがこれら三つの視点を満たすものになっているか，それぞれの視点の内容だけでなく相互のバランスにも配慮しながら，子供たちの学びの状況を適宜，把握し改善していくことが求められている[29]。

　それでは，生活科における「主体的・対話的で深い学び」とは何か。以下，『小学校学習指導要領解説　生活編』（平成 29 年）を参考にしながら，「主体的な学び」，「対話的な学び」，「深い学び」について解説する。

　主体的な学び：生活科では，子供の生活圏である学校，家庭，地域が学習の対象や場となる。そして，これまで一貫して，子供が身近な人々，社会及び自然と直接関わる活動，対象に直接働きかける活動を重視してきた。「ミニトマトを育てたい。」「町にはどんなお店があるのかな。」「ウィングカーをもっと速く走らせたい。」など，子供が思いや願いをもって主体的に活動する中で，様々な気付きをしたり，上手くいかずに困ったり，失敗したり，悩んだり，できないことができるようになったりする。

　このような主体的な活動は「学びに向かう力」を育成するものとして期待できるが，先述したように，生活科に対して「活動あって学びなし」という批判が繰り返されてきたのも事実である。従って，「主体的な学び」の視点から生活科の充実・改善を図る上で，子供が自らの体験や活動を振り返り，目的意識や相手意識をもちながら，表現し伝え合う活動，すなわち，対話的な学びを充実させる必要がある。

　対話的な学び：多様な学習活動の中での驚き，発見，疑問などを交流し合い，学びを振り返ることにより，小学校低学年の子供に特徴的である情緒的，無自覚，断片的な気付きが自覚的になり，一つ一つの気付きが関連づけられる。また，自分の成長や変容について考え，自分のイメージを確かにし，自分のよさや可能性に気付いていくのである。しかし，この時期の子供たちは，自らの学

びを直接的に振り返ることは難しい。しばしば活動の後で振り返りカードを書かせることがあるが，それが強制的であれば逆効果となり得る。活動に夢中になったり，友達と一緒に活動したりする中で思いや願いが高まり，対象への気付きが広がり深まる。

　対象に直接働きかけるだけでなく，それらの対象が子供に働き返してくる双方向性のある活動が展開され，それを子供が実感する。思いや願いを実現するために仲間の活動を意識したり，一緒に活動したり，試行錯誤しながら問題を発見したり解決したりする。伝え合い交流する中で，一人一人の発見が共有され，そのことを契機として新たな気付きが生まれたり，様々な関係が明らかになったりする。このような他者との協働や伝え合い交流する活動は，集団としての学習を質的に高めるだけではなく，一人一人の子供の学びを質的に高めることにもつながる。

　深い学び：深い学びとは，各教科の特質に応じた見方・考え方を働かせ，問題を発見して解決したり，自己の考えを形成し表現したり，思いや願いをもとに構想したり創造したりすることに向かう学びである。それでは，生活科の特質に応じた見方・考え方とは何か。『小学校学習指導要領解説　生活編』では生活科における見方・考え方とは身近な生活に関わる見方・考え方であり，「<u>身近な生活に関わる見方</u>は，身近な生活を捉える視点であり，身近な生活における人々，社会及び自然などの対象と自分がどのように関わっているのかという<u>視点</u>である。また，<u>身近な生活に関わる考え方</u>は，自分の生活において思いや願いを実現していくという学習過程にあり，自分自身や自分の生活について<u>考えていくこと</u>である。（下線は引用者)」[30]と述べられている。

　子供たちの生活圏にある身近な人々，社会及び自然を自分とのかかわりで一体としてとらえることが生活科の独自性であり，社会事象や自然事象を対象化して客観的に認識することが中心になるのではない。それらが自分自身にとってもつ意味に気付き，周囲の様々な事象を再度，見直し，自分なりの問題意識をもって調べたり，考えたり，表現したりなどすることである。子供たちが具体的な活動や体験を通して，諸感覚を豊かに働かせながら，比較したり，分類したり，関連付けたりなどして，学習対象を解釈し理解すること，自分の思い

や願いを実現するために予測したり，試行したり，工夫したりするなどして新たな活動，行動，習慣をつくり出すこと，そのような学習活動の中で，それぞれの対象のよさや特徴，自分との関係や対象同士の関連に気付いていくことが生活科の学習に期待されている。生活科の特質は具体的な活動を行う中で，身近な生活を自分との関わりで捉え，よりよい生活に向けて思いや願いを実現しようとするようになり，そこで「思考」や「表現」が一体的に繰り返し行われ，自立し生活を豊かにしていく資質・能力が育成されることである。そして，「身近な生活に関わる見方・考え方を生かす」とは，子供が既に有している見方・考え方を発揮し，また，その学習過程において，見方・考え方が確かになり，一層活用されることである[31]。そして，このような学習活動によって「深い学び」を実現できる。

　以上，「主体的・対話的で深い学び」による生活科の単元及び授業の質的改善において「知性と社会性と情動」の観点が極めて重要だと言えよう。しかし，これまでの生活科の理論と実践において，主体概念が十分に検討・考察され使用されてきたのであろうか。近年，OECD の文書等で主体（subject）に代わり，エージェンシー（agency）が注目され使用されている。それゆえ，次節でエージェンシーと生活科について論じる。

Ⅳ　エージェンシーと生活科

　N. フレイ（Frey）他は，アイデンティティとエージェンシーについて以下のように述べている。

　　私たち一人ひとりが，自己概念と世界に働きかける能力についての信念をもっている。アイデンティティとは，私たちが何者であるかを理解することである。つまり，私たちが他者との関係で自分自身を見る特質，方法，知覚されている才能，欠点の認識である。それは私たちが自分自身の世界と私たち自身を語るナラティブである。エージェンシーとはエンパワーされた自発的な方法で行動する能力を記述する。我々のエージェンシーにつ

いての信念は，自信に影響を及ぼし，ネガティブな出来事に直面した時に我々のレジリエンシーに寄与する。アイデンティティとエージェンシーの両方は，ジェンダー，人種，性的指向，経験，文化，社会経済的地位などの固定的で流動的な構造によって影響を受ける[32]（強調は原典）。

　このように個人のアイデンティティとエージェンシーの感覚が，我々の生活及び人生の基礎であるといえよう。なぜなら，自己イメージだけでなく身近な世界に働きかける能力に対する信念が，自分の生活及び人生に多かれ少なかれ影響を与えるからだ。さらに，エージェンシーとアイデンティティは，上述したように社会的に構成されるので安定していたり不安定であったりする。状況，環境，周囲の人々，直面する課題等によって，肯定的にも否定的にも影響を受ける。それゆえ，N. フレイ他は，「生徒のアイデンティティとエージェンシーは，（意図的であろうとなかろうと）教育者の言動によって形成される。教育者として，子供たちのアイデンティティとエージェンシーの発達に意識して注意を払うことは，学習と成績の基礎であるため有益である（括弧は原典）。」[33]と主張している。アイデンティティとエージェンシーの関係については，今後，稿を改めて詳細に考察したいと考えているので，以下，エージェンシーと生活科について論じる。
　エージェンシーとは行為主体や行為主体性と訳されるが，OECD の2019年の「学びの羅針盤（Learning Compass）2030」においても，生徒のエージェンシー（student agency）は中心概念である。そこでは，エージェンシーは，「人々，出来事，環境に影響を与えることを目的として，より良い社会のために参加する責任感を意味し，指導的な目的を組み立て，目標を達成するための行為を明らかにする能力を要求する。影響されるよりも自ら行動し，型にはめられるよりも自ら型を作り，他者による決断や選択よりも自ら責任ある意思決定と選択を行うことである。単なる個人の人格特性ではなく，変容でき学習可能である。」[34]と定義されている。従って，「生徒の自治」，「生徒の声」，「生徒の選択」というような概念以上の意味であり，より良い社会を達成するための社会的関心と社会的能動性も含まれると言えよう。それゆえ，「学びの羅針盤」において共同エージェンシー（co-agency）と集団エージェンシー（collective

agency）という概念も述べられている。

　共同エージェンシーとは，共有された諸目標に向かって子供が成長するのに役立つ保護者，教師，地域社会の相互作用的で相互支援的な関係性として定義される。保護者，仲間，教師，および，地域社会の住民は，生徒のエージェンシーの感覚に影響を与え，生徒も教師，仲間，保護者のエージェンシーの感覚に影響を与える。それは，子供たちの発達と福利に肯定的に影響を与える様々な集団である。それゆえ，共同エージェンシーは，しばしば，「協働エージェンシー」（collaborative agency）と言及され，エージェンシーの感覚に影響を与える個人の環境を意味する[35]。

　集団エージェンシーは公益に変化を生じさせるために必要とされる。地域社会，社会的運動，グローバルな社会のために共に行動を起こす個々の組織等に言及している。共同エージェンシーとは対照的に，より大規模で発揮され，共有された責任，所属感，アイデンティティ，目的，および，達成を含む。ある共通の目標を達成するために個人が相異や敵対意識を乗り越え協力することを要求する。それはまた，より信頼できる統一された諸社会を形成するのに役立つのである[36]。

　生活科で自らの思いや願いの実現に向けて，試行錯誤し，夢中になって活動に取り組む子どもの姿がある。さらに，集団で共通の目的をもって自ら動き出す子どもたちの姿，地域住民だけでなく専門家や行政の人も巻き込みながら探究的・協働的に活動に取り組む子どもたちの姿がある。質の高い生活科での諸経験の積み重ねが行為主体となり，行為主体性を発揮し自己及び社会の目的を実現するための基盤を形成することにつながる。子供の意識，思いや願いの実現過程には，教科の境界線がない。また，教師，教室，学年，および，学校の境界線などもない。ある程度の制約はあるが，他の教科等よりも活動と体験に費やす時間は十分にある。それは，子どもたちの動機形成に有効であり，リアルな活動を実感でき，学校外の多様な人を巻き込む。それらが生活科の意義と価値であろう。

　しかし，生活科の理論と実践においても「主体的」，「主体性」，「主体」という言葉を，曖昧に解釈し使用してきたのではないか。社会的・文化的な制約か

ら解放されることは難しい。それが普通であり，当然だと考えているからだ。日本だけ，その地域だけ，その業種だけ，その分野・領域だけの価値観，習慣ではないかという批判的な視座の有無が問われる。異なる視点からは同じ事象が違って見える。また，部分的に見ていた事象を全体として見ると異なってみえる。それを再認識する必要がある。社会的・文化的制約から解放される機会と可能性が生活科には豊かにある。それゆえ，今後，生活科の理論と実践における「主体」概念，その内実を，生徒のエージェンシーだけでなく教師のエージェンシーも含め，再吟味，再検討する必要があると思われる。

おわりに

　そもそも生活科は単なる社会認識，自然認識，自己認識を形成するための教科でとしてではなく，子供が社会事象や自然事象を自分のとかかわりで捉え，自分自身や自分の生活について感じ考えるような学習を展開する教科として誕生した。その後，平成 10 年の改訂では生活科の 12 の内容が精選され 2 学年まとめて 8 の内容で構成され，「人とのかかわり」及び「知的な気付き」が重視された。平成 20 年の改訂では，新たな内容として「生活や出来事の交流」が加えられ，気付きの質を高めるよう改善が求められた。生活科の解説では，目標の 5 つの構成要素が構造化されたり，内容の階層性が図式化されたりして，生活科の特質がより明確化された。

　平成 29 年の改訂では，教育課程が全体を通して①「知識及び技能」の習得，②「思考力，判断力，表現力等」の育成，③「学びに向かう力，人間性等」の涵養という育成を目指す資質・能力の三つの柱に整理された。これに伴い，生活科の教科目標，学年目標，各内容の記述も整理され改善された。さらに，他の教科等と同様，生活科においても学習過程として「主体的・対話的で深い学び」という授業の質的改善の三つの視点が明示された。気付きに関しては，気付きを確かなものにし関連付けることが重視された。

　しかし，単なる認識を目指す教科ではなく自立への基礎を養うという生活科の基本的な特質は，「自立し生活を豊かにしていく」と文言は多少，変更されたが，学習指導要領の今次改訂においても一貫して変わっていない。また，具体

的な活動における目標と内容と方法の統一が，生活科の特質と独自性であることにも変わりはない。さらに，これまでの生活科の指導書及び解説の気付きの定義において，一貫して知的側面と情意的側面が含まれていた。加えて生活科において多様な人とのかかわりを大切にした協働的な学びも重視されてきた。

　従って，子供の情意的側面を重視し過ぎて知的側面を軽視する実践，極端な場合には知識と技能を全く教えないような実践，気付きの質を高めることを大切にするあまり情意的側面を軽視するような実践はいずれも，資質・能力時代における生活科の目指すべき実践とは言えないであろう。繰り返し述べてきたように，生活科で認知的側面と非認知的側面の両方，知性と社会性と情動の調和的な発達を目指すことが肝要である。そして，先述で指摘したように，「知性と社会性と情動」の視座に立ち，生活科おける主体概念，エージェンシーの概念を再検討することが必要であろう。

（中野真志）

【注】

1) 歓喜隆司『現代教科論の位相』第一法規，1979 年，33 頁。

2) 日本カリキュラム学会編，『現代カリキュラム事典』ぎょうせい，2000 年，263 頁。

3) 高浦勝義『総合学習の理論・実践・評価』黎明書房，1998 年，91〜92 頁。

4) 文部省『小学校指導書　生活編』教育出版株式会社，1989 年，6 頁。

5) 同上書，7 頁。

6) 同上書，10〜11 頁。

7) 中野真志「アメリカにおける社会性と情動の学習（SEL）——『学術的，社会的，情動的な学習の協働』（CASEL）を中心に——」愛知教育大学教職キャリアセンター紀要第 7 号，2022 年，162 頁。

8) 文部省『小学校指導書　生活編』上掲書，18〜19 頁。

9) 文部省『小学校学習指導要領解説　生活編』日本文教出版株式会社，1999 年，2〜3 頁。

10) 同上書，3 頁。

11) 中野真志，上掲論文，163 頁。

12) 文部省『小学校学習指導要領解説　生活編』上掲書，62〜63 頁。

13）文部科学省『小学校学習指導要領解説　生活編』日本文教出版株式会社，2008 年，3 頁。

14）同上書，4〜5 頁。

15）同上書，9 頁。

16）同上書，21 頁。

17）同上書，22 頁。

18）同上書，48 頁。

19）朝倉淳『子どもの気付きを拡大・深化させる生活科の授業原理』風間書房，2008 年，66〜68 頁。

20）中野真志「生活科における深い学び」『初等教育資料』2016 年，No.947，東洋館出版社，62 頁。

21）文部科学省『小学校学習指導要領解説　生活編』上掲書，48 頁。

22）朝倉淳，上掲書，68 頁。

23）「中央教育審議会答申」別冊『初等教育資料』2 月号臨時増刊，2017 年，149 頁からの要約。

24）文部科学省『小学校学習指導要領（平成 29 年告示）解説　生活編』東洋館出版社，2017 年，8 頁。

25）同上書，29 頁。

26）同上書，7 頁。

27）同上書，12〜13 頁。

28）「教育課程特別部会　論点整理」2015 年 8 月，17 頁。

29）「中央教育審議会答申」別冊『初等教育資料』上掲書，65 頁。

30）文部科学省『小学校学習指導要領（平成 29 年告示）解説　生活編』，上掲書，11 頁。

31）同上書，11 頁。

32）Nancy,F., Fisher,D.,and Smith,D., *All Learning is Social and Emotional*. Alexandria,VA:ASCD, 2019, p.20.

33）Ibid.,p.19.

34）https://www.oecd.org/education/2030-project/teaching-and-learning/learning/student-agency/Student_Agency_for_2030_concept_note.pdf（2022 年 7 月 20 日）p.4.

35）Ibid.,p.7.

36）Ibid.,p.9.

4章 生活科で育成を目指す 資質・能力と知性，社会性，情動

はじめに

　解き方があらかじめ定まった問題を効率的に解いたり，定められた手続を効率的にこなしたりすることにとどまらず，直面する様々な変化を柔軟に受け止め，感性を豊かに働かせながら，どのような未来を創っていくのか，どのように社会や人生をよりよいものにしていくのかを考え，主体的に学び続けて自ら能力を引き出し，自分なりに試行錯誤したり，多様な他者と協働したりして，新たな価値を生み出していくために必要な力を身に付け，子供たち一人一人が，予測できない変化に受け身で対処するのではなく，主体的に向き合って関わり合い，その過程を通して，自らの可能性を発揮し，よりよい社会と幸福な人生の創り手となっていけるようにすることが重要である。[1]

　これは，平成28年12月の中央教育審議会答申の一部である。ここに指摘されている「新たな価値を生み出していくために必要な力」を着実に身に付けられるように，同答申は，教育課程全体を通して育成を目指す資質・能力を，ア「何を理解しているか，何ができるか（生きて働く「知識・技能」の習得）」，イ「理解していること・できることをどう使うか（未知の状況にも対応できる「思考力・判断力・表現力等」の育成）」，ウ「どのように社会・世界と関わり，よりよい人生を送るか（学びを人生や社会に生かそうとする「学びに向かう力・人間性等」の涵養）」の三つの柱に整理するとともに，各教科等の目標や内容についても，この三つの柱に基づく再整理を図るよう提言している[2]。この答申を踏まえ，今次改訂の学習指導要領では，全ての教科等の目標や内容が，「知識及び技能」，「思考力，判断力，表現力等」，「学びに向かう力，人間性等」の三つの柱で再整理されることとなった。

　このような育成を目指す資質・能力の明確化は，生活科においても求められ

ている。生活科は創設期より，児童の生活圏を学習の対象や場とし，それらと直接関わる活動や体験を重視し，具体的な活動や体験の中で様々な気付きを得て，自立への基礎を養うことをねらいにしてきた。平成20年改訂の学習指導要領では，活動や体験を一層重視するとともに，気付きの質を高めること，幼児期の教育との連携を図ることなどについて充実が図られてきた。このようなこれまでの生活科の実践について，平成28年12月の中央教育審議会の答申では，「活動や体験を一層重視するとともに，気付きの質を高めること，幼児教育との連携を図ることなどについて充実を図った。」，「各小学校においては，身近な人々，社会及び自然等と直接関わることや気付いたこと・楽しかったことなどを表現する活動を大切にする学習活動が行われており，言葉と体験を重視した改訂の趣旨がおおむね反映されているものと考えることができる。」といった改善点が示されている一方で，更なる充実を図ることが期待される点として，「活動や体験を行うことで低学年らしい思考や認識を確かに育成し，次の活動へつなげる学習活動を重視すること。『活動あって学びなし』との批判があるように，具体的な活動を通して，どのような思考力等が発揮されるか十分に検討する必要がある。」との指摘がなされている[3]。

　ここで指摘されているように，具体的な活動や体験が重視される生活科においては，それらを通して「どのような」資質・能力が，「どのように」育成されるのかを明らかにすることが求められる。そこで本章では，今次改訂の学習指導要領における生活科が育成を目指す資質・能力について，知性，社会性，情動の視点から捉え，その育成の在り方について検討したい。

I 資質・能力とは何か

　育成を目指す資質・能力を論じる上で，それに関わる様々な概念について整理しておきたい。ここでは，コンピテンス，コンピテンシー，スキル，リテラシーについて取り上げる。

　マクレランド（McClelland, 1973）は，就職試験の際に使われる既存の知能テストや適性検査だけでは，職業人生における仕事の成果やその他の社会的活

動における成果を予想できなかったことから，卓越した人材の特性として，意欲や感情の自己調整能力，肯定的な自己概念や自己信頼などの情意的な資質能力，そして対人関係調整能力やコミュニケーション能力などの社会的スキルを見いだし，人生で直面する様々な問題状況に対し，質の高い問題解決を成し遂げるために必要十分なこれらの資質・能力をコンピテンス（competence）と呼んだ[4]。

　その後，マクレランドは1976年頃からコンピテンシー（competency）という用語を使用するようになるが，コンピテンスとコンピテンシーを明確に区別していない[5]。職業教育においては，アメリカではコンピテンシー，イギリスではコンピテンスが用いられることが一般的となり，前者は高業績者の行動に，後者は職場での行動の最低基準に着目している[6]。

　1990年度に入ると，アメリカの実務の世界でコンピテンシーブームが沸き起こる[7]。コンピテンシーの概念の普及は，それまで一般的に受け入れられていたリテラシーからの能力観の転換をもたらした。リテラシーは，伝統的には社会の中で最小限の機能として必要とされる読み書き能力のレベルを表すものとして用いられてきたが，その後，リテラシーの概念は拡張され，PISA調査で測定しているような人間の高次の情報処理能力を指すようになった。コンピテンシーは，ここにスキルや態度を含む人間の全体的な能力を捉えるものとして普及していく[8]。そして，OECDはDeSeCo（Definition and Selection of Competencies）プロジェクトにおいて，コンピテンシーの策定を試みる。そこで示されたコンピテンシーの基礎となるモデルは，「包括的（ホリスティック）で動的なもの」[9]とされた。つまり，コンピテンシーは，「複雑な行為のシステムであり，認知的スキル，態度，そして他の非認知的要素を包含し，別々の構成要素には還元できない」[10]ものであり，かつ，「ダイナミックに相互に関係する多様な構成要素は，生活の中で直面する複雑な需要の特徴によって定義される」[11]ものである。そして，DeSeCoプロジェクトは，特に主要となる資質・能力を「自律的に活動する力」，「道具を相互作用的に用いる力」，「異質な集団で交流する力」の三つのカテゴリーに分類するキー・コンピテンシー（key competencies）を提唱した[12]。キー・コンピテンシーの三つのカテゴリーの枠

組みの中心には，「省察性」（reflectiveness）が位置付けられており[13]，それぞれのカテゴリーが常に独立した状態で用いられることは想定されていない。なお，DeSeCo プロジェクトの報告書においては，コンピテンシーとコンピテンスが混在しており，明確な使い分けがなされていない[14]。

　コンピテンシーと同様に，スキルについても適切な日本語の訳が見当たらない。スキルは，一般的には「訓練などによって身につけた技能や技術」[15]と説明され，IT スキルや社会的スキルといった個別的なスキルのほか，近年ではアメリカにおいて「21 世紀型スキル（21st Century Skills）」が策定されている。スキルは主にハードスキルとソフトスキルに分けられ，ハードスキルは，特定の訓練によって得られる観察が容易なスキルであり，領域固有の知識や技能を含む解釈もある[16]。一方で，ソフトスキルは，コミュニケーションやコラボレーション，柔軟性などの容易に測定できない定性的なスキルを指し，21 世紀型スキルもそのほとんどはソフトスキルと言われている[17]。このように，スキルの定義は広範であるものの，いずれの定義においても，スキルは個別的（断片的）であり，21 世紀型スキルも，今後求められるあらゆる断片的なスキルの集合体と捉えることが妥当であろう。

　日本においては，コンテンツ（content）との対比を強調する意味で，教科等の領域を超えて育成され，また機能する汎用的スキル（generic skills）をコンピテンシーと呼ぶことが多い[18]。例えば，「育成すべき資質・能力を踏まえた教育目標・内容と評価の在り方に関する検討会」が2014 年に公表した「論点整理」では，教科等を横断する汎用的なスキル（コンピテンシー）等に関わるものとして，「汎用的なスキルなどとしては，例えば，問題解決，論理的思考，コミュニケーション，意欲など」と「メタ認知（自己調整や内省，批判的思考等を可能にするもの）」を挙げており，教科等に固有の知識や個別スキルに関するものを除いている[19]。こうしたコンピテンシー概念には，領域固有の知識やスキルが含まれていない。一方で，奈須（2017）が，コンピテンシー・ベイスの教育として，「『資質・能力』（コンピテンシー：competency）を基盤とした教育」[20]と説明しており，学習指導要領で使用されている「資質・能力」をコンピテンシーと同義として捉えているように，2017 年改訂の学習指導要領に

おいて「知識及び技能」、「思考力，判断力，表現力」、「学びに向かう力，人間性等」の三つの柱に整理された育成を目指す資質・能力は，領域固有の知識やスキルも含むものと解釈することができる。

　今次改訂の学習指導要領において示された資質・能力については，「これらの三つの柱が，学習の過程を通して相互に関係し合いながら育成されるものであることに留意が必要である」[21]と説明されている。また，最も領域固有性が高いと考えられる知識についても，「生きて働く概念として習得されることや，新たな学習過程を経験することを通して更新されていくことが重要となる」[22]と説明されている。つまり，三つの柱に整理された資質・能力は，複雑な行為のシステムの上に成り立っており，相互作用的に存在していることや，普遍的で画一的なものではなく，需要によって定義される可変的で適応的であること，といった特質を有しており，「包括的（ホリスティック）で動的なもの」と解釈することが妥当と言えよう。

Ⅱ　生活科において育成を目指す資質・能力

　既に述べたように，今次改訂の学習指導要領においては，全教科等の目標や内容が資質・能力の三つの柱に整理された。生活科の教科目標を図示すると，図1のようになる。

具体的な活動や体験を通して，
身近な生活に関わる
見方・考え方を生かし，　→　自立し生活を豊かにしていく

〔育成を目指す資質・能力〕

(1) 活動や体験の過程において，自分自身，身近な人々，社会及び自然の特徴や
よさ，それらの関わり等に気付くとともに，生活上必要な習慣や技能を身に
付けるようにする。(知識及び技能の基礎)

(2) 身近な人々，社会及び自然を自分との関わりで捉え，自分自身や自分の生
活について考え，表現することができるようにする。(思考力，判断力，表現
力等の基礎)

(3) 身近な人々，社会及び自然に自ら働きかけ，意欲や自信をもって学んだり
生活を豊かにしたりしようとする態度を養う。(学びに向かう力，人間性等)

図1　生活科の教科目標の構成[23]

　教科目標は，「生活科の前提となる特質，生活科固有の見方・考え方，生活
科における究極的な児童の姿」と，「生活科を通して育成することを目指す資
質・能力」とで構成されている。育成することを目指す資質・能力は，(1)では
生活科において育成を目指す「知識及び技能の基礎（生活の中で，豊かな体験
を通じて，何を感じたり，何に気付いたり，何が分かったり，何ができるよう
になったりするか）」を，(2)では「思考力，判断力，表現力等の基礎（生活の
中で，気付いたこと，できるようになったことを使って，どう考えたり，試し
たり，工夫したり，表現したりするか）」を，(3)では「学びに向かう力，人間性
等（どのような心情，意欲，態度などを育み，よりよい生活を営むか）」を示し
ている。

　さて，(1)と(2)に示した資質・能力の末尾には，それぞれ「基礎」とある。こ
れは，幼児期においては，図2のように，育成を目指す三つの資質・能力は関
わり合っており，截然と分けることはできないという幼児期の学びの特性を踏
まえたものである。生活科が幼児教育と小学校教育の結節点であり，資質・能
力についても，幼児教育の考え方が反映されていると解釈できる。

資質・能力の三つの柱に沿った、幼児教育において育成すべき資質・能力のイメージ

小学校以上

個別の知識や技能
（何を知っているか、何ができるか）

思考力・判断力・表現力等
（知っていること・できることを
どう使うか）

学びに向かう力、人間性等
情意、態度等に関わるもの
（どのように社会・世界と関わり
よりよい人生を送るか）

※下に示す資質・能力は例示であり、遊びを通しての総合的な指導を通じて育成される。

幼児教育

個別の知識や技能の基礎
（遊びや生活の中で、豊かな体験を通じて、何を感じたり、
何に気付いたり、何がわかったり、何ができるようになるのか）

- 基本的な生活習慣の獲得
- 規則性、法則性、関連性等の発見　■身体感覚の育成
- 様々な気付き、発見の喜び
- 日常生活に必要な言葉の理解
- 身体的技能や芸術表現のための基礎的な技能の獲得
等

思考力・判断力・表現力等の基礎
（遊びや生活の中で、気付いたこと、できるようになったことなども
使いながら、どう考えたり、試したり、工夫したり、表現したりするか）

- 試行錯誤、工夫　■予想、予測、比較、分類、確認
- 他の幼児の考えなどに触れ、
新しい考えを生み出す喜びや楽しさ
- 振り返り、次への見通し　■自分なりの表現
- 言葉による表現、伝え合い
等

遊びを通しての総合的な指導

- 思いやり　■安定した情緒　■自信　■相手の気持ちの受容　■好奇心、探究心
- 葛藤、自分への向き合い、折り合い　■話合い、目的の共有、協力　■表現する喜び
- 色・形・音等の美しさや面白さに対する感覚　■自然現象や社会現象への関心
等

学びに向かう力、人間性等
（心情、意欲、態度が育つ中で、いかによりよい生活を営むか）

（平成 28 年 3 月 30 日教育課程部会幼児教育部会資料 4 を基に筆者作成）
図 2　幼児教育において育成すべき資質・能力の整理イメージ [24]

　さて，生活科においてどのような資質・能力の育成が期待されているのだろうか。資質・能力の三つの柱に即して，『小学校学習指導要領（平成 29 年告示）解説　生活編』（文部科学省，平成 29 年 7 月）の記述から読み解きたい。

　生活科における「知識及び技能の基礎」については，「活動や体験の過程において，自分自身，身近な人々，社会及び自然やそれらの関わり等についての気付きが生まれることが考えられる。生活科における気付きは，諸感覚を通して自覚された個別の事実であるとともに，それらが相互に関連付けられたり，既存の経験などと組み合わされたりして，各教科等の学習や実生活の中で生きて働くものとなることを目指している。また，このような過程において，生活上必要な習慣や技能も活用されるものとして身に付けることを目指している。」[25] と説明されている。

　「思考力，判断力，表現力等の基礎」については，「思いや願いの実現に向けて，『何をするか』『どのようにするか』と考え，それを実際に行い，次の活動

へと向かっていく。その過程には，様々な思考や判断，表現が存在している。思いや願いを実現する過程において，身近な人々，社会及び自然を自分との関わりで捉え，自分自身や自分の生活について考えたり表現したりすることができるようにすることを目指している。」26)，「ここでいう『考える』とは，児童が自分自身や自分の生活について，見付ける，比べる，たとえるなどの学習活動により，分析的に考えることである。また，試す，見通す，工夫するなどの学習活動により，創造的に考えることである。『表現する』とは，気付いたことや考えたこと，楽しかったことなどについて，言葉，絵，動作，劇化などの多様な方法によって，他者と伝え合ったり，振り返ったりすることである。」27)と説明されている。

「学びに向かう力，人間性等」については，「思いや願いの実現に向けて，身近な人々，社会及び自然に自ら働きかけ，意欲や自信をもって学んだり生活を豊かにしたりしようとすることを繰り返し，それが安定的に行われるような態度を養うことを目指している。」28)と説明されている。

ここでは前回改訂（平成20年）の学習指導要領からの変遷を踏まえて捉えてみたい。育成を目指す資質・能力を考える上で参考となるのが，当時採用された「評価の観点」である。学習評価は当然ながら育成を目指す資質・能力に対してなされるものであり（目標に準拠した評価），その観点を見ればどのような資質・能力の育成が期待されていたかを理解できるからである。

『評価規準の作成，評価方法等の工夫改善のための参考資料【小学校　生活】』（国立教育政策研究所，平成23年11月）には，評価の観点として，「生活への関心・意欲・態度」，「活動や体験についての思考・表現」，「身近な環境や自分についての気付き」の3点が示されている。当時はほとんどの教科が4観点（「関心・意欲・態度」，「思考・判断・表現」，「技能」，「知識・理解」）で整理されていたが，生活科は新設以来，3観点を維持していることとなる。しかし，今回改訂された学習指導要領の趣旨に基づき，これまでの評価の観点である「気付き」が「知識・技能」に，「思考・表現」が「思考・判断・表現」に，そして「関心・意欲・態度」が「主体的に学習に取り組む態度」に変わっている。ここで，これまでの評価の観点との違いについて整理しておきたい。

生活科の「知識」とは，これまでも大切にされてきた「気付き」と言えるが，①気付きが自覚されること，②個別の気付きが相互に関連付くこと，③対象のみならず自分自身についての気付きが生まれること，という気付きの質の高まりを念頭に置いて評価することが求められている。このことは，従来も「気付きの質を高める」として重視されてきたところであるが，そのことが一層強く求められていると言える。また，「技能」についても，これまで「生活上必要な習慣や技能」として身に付けさせることが期待されていたが，特定の習慣や技能を取り出して指導するのではなく，思いや願いを実現する過程で身に付けていけるように適切に指導し，そこで現れる姿を評価することが求められている。

　「思考・判断・表現」については，判断したり表現したりしている姿として表出している具体的な児童の姿から，児童の思考を見取り，評価する。例えば，この観点について，「おもちゃランドに招待する園児のことを思い描きながら，遊びや遊びに使う物を工夫してつくっている。」と設定した場合，思い描いているという思考の中身を直接的に観察することはできないが，ルールを考えたり，おもちゃを作り直したりする様子は観察することができる。ルールを変えた理由やおもちゃを作り直した理由をたずねることもできる。このようにして思考を見取り，評価することになる。

　「主体的に学習に取り組む態度」は，これまでの「関心・意欲・態度」と質的に異なる評価の観点であることを確認しておきたい。これまでの「関心・意欲・態度」では，児童が身近な人，社会，自然，自分自身や自分の生活にどれほど関心を示し，どれほど意欲的に取り組んでいたか，また，そうした取組を通して，どのような態度を身に付けたかを見取ることから，児童が何に関心をもち，どのように働きかけたり行為したりしようとしているかを評価してきた[29]。一方で，「主体的に学習に取り組む態度」では，生活科においては，①粘り強さ（思いや願いの実現に向かおうとしている），②学習の調整（状況に応じて自ら働きかけようとしている），③実感や自信（意欲や自信をもって学んだり生活を豊かにしたりしようとすることを繰り返し，安定的に行おうとしている）の三つの視点から評価をすることが想定されている[30]。

　こうして見ると，「主体的に学習に取り組む態度」は，これまでの「関心・意

欲・態度」を内包しつつも，思いや願いの実現に向けて，身近な人々，社会及び自然に自ら働きかける「粘り強さ」や，意欲や自信をもって学んだり生活を豊かにしたりしようとすることを繰り返し，それが安定的な態度として身に付く「学習の調整」といった視点を含むものと捉える必要がある。

　また，「学びに向かう力，人間性等」には，「主体的に学習に取り組む態度」だけでなく，「感性，思いやり」なども含むものとされている。ただし，「感性，思いやり」などについては観点別学習状況の評価や評定にはなじまず，こうした評価では示しきれないことから個人内評価を通じて見取り，日々の教育活動や総合所見等を通じて，積極的に児童に伝えることで，その伸長を図るものとされている。

　なお，生活科は九つの内容が階層ごとに示されており（59頁参照），それぞれの内容について，学習対象や学習活動等，そして育成を目指す資質・能力についても表の通り示されている。

表　生活科の内容の全体構成[31)]

階層	内容	学習対象・学習活動等	思考力，判断力，表現力等の基礎	知識及び技能の基礎	学びに向かう力，人間性等
学校，家庭及び地域の生活に関する内容	(1)	・学校生活に関わる活動を行う	・学校の施設の様子や学校生活を支えている人々や友達，通学路の様子やその安全を守っている人々などについて考える	・学校での生活は様々な人や施設と関わっていることが分かる	・楽しく安心して遊びや生活をしたり，安全な登下校をしたりしようとする
	(2)	・家庭生活に関わる活動を行う	・家庭における家族のことや自分でできることなどについて考える	・家庭での生活は互いに支え合っていることが分かる	・自分の役割を積極的に果たしたり，規則正しく健康に気を付けて生活したりしようとする
	(3)	・地域に関わる活動を行う	・地域の場所やそこで生活したり働いたりしている人々について考える	・自分たちの生活は様々な人や場所と関わっていることが分かる	・それらに親しみや愛着をもち，適切に接したり安全に生活したりしようとする

身近な人々，社会及び自然と関わる活動に関する内容	(4)	・公共物や公共施設を利用する活動を行う	・それらのよさを感じたり働きを捉えたりする	・身の回りにはみんなで使うものがあることやそれらを支えている人々がいることなどが分かる	・それらを大切にし，安全に気を付けて正しく利用しようとする
	(5)	・身近な自然を観察したり，季節や地域の行事に関わったりするなどの活動を行う	・それらの違いや特徴を見付ける	・自然の様子や四季の変化，季節によって生活の様子が変わることに気付く	・それらを取り入れ自分の生活を楽しくしようとする
	(6)	・身近な自然を利用したり，身近にある物を使ったりするなどして遊ぶ活動を行う	・遊びや遊びに使う物を工夫してつくる	・その面白さや自然の不思議さに気付く	・みんなと楽しみながら遊びを創り出そうとする
	(7)	・動物を飼ったり植物を育てたりする活動を行う	・それらの育つ場所，変化や成長の様子に関心をもって働きかける	・それらは生命をもっていることや成長していることに気付く	・生き物への親しみをもち，大切にしようとする
	(8)	・自分たちの生活や地域の出来事を身近な人々と伝え合う活動を行う	・相手のことを想像したり伝えたいことや伝え方を選んだりする	・身近な人々と関わることのよさや楽しさが分かる	・進んで触れ合い交流しようとする
自分自身の生活や成長に関する内容	(9)	・自分自身の生活や成長を振り返る活動を行う	・自分のことや支えてくれた人々について考える	・自分が大きくなったこと，自分でできるようになったこと，役割が増えたことなどが分かる	・これまでの生活や成長を支えてくれた人々に感謝の気持ちをもち，これからの成長への願いをもって，意欲的に生活しようとする

Ⅲ 資質・能力を知性，社会性，情動の視点から捉える

　ここまで，生活科において育成を目指す資質・能力について論じてきた。ここでは，生活科において育成を目指す資質・能力について，知性，社会性，情動の視点から捉え，三つの柱で捉えた資質・能力の関係性について明らかにしたい。

（1）生活科において育成を目指す「知識及び技能の基礎」

　生活科における知識，すなわち気付きについては，「対象に対する一人一人の認識であり，児童の主体的な活動によって生まれるもの」[32]とされている。そして，「知的な側面だけではなく，情意的な側面も含まれる。」[33]，「気付きは確かな認識へとつながるものであり，知識及び技能の基礎として大切なものである。」[34]との説明もある。

　以下，授業実践「やさいよ　大きくなあれ」[35]のエピソードを基に，生活科における知識について考えてみたい。

　2年生の児童は，夏野菜を栽培し，収穫したときに喜びや，失敗してしまったときの悔しさから，ハクサイやダイコンなどの冬野菜の栽培に意欲を示した。児童たちの目標は，「おいしい野菜」を育てることに決まった。

　「おいしい」とは，辞書的な意味では「味がよい」ということである。児童たちは，このような味の視点（「シャキシャキしている」，「身が詰まっている」など）に加え，見た目（「色や形がよい」，「大きい」，「虫食いがない」など）の視点を「おいしい野菜」という目標に込めた。

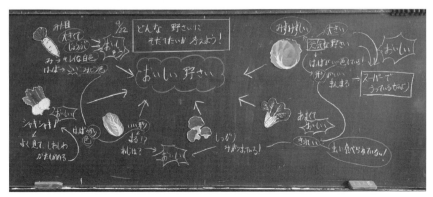

夏野菜の栽培の経験を踏まえ，こまめに水をやったり，蛾の幼虫や卵を取ったりと精力的に世話をしていた児童らであったが，それでも，殺虫剤を使わずに栽培をしているため，虫食いを完全に防ぐことはできなかった。児童らは，虫食いになってしまった野菜をどうするか考えることにした。

　ある児童が，虫食いになった野菜を「失敗」と表現したことから，すかさず教師は「虫食いの野菜はおいしい野菜ではないのか。」と問いかけた。すると児童は，「虫に食べられても，大きくなっている。じょうぶだからおいしい野菜だ。」，「虫に食べられたのはおいしい野菜の証拠だ。」，「対策を続けて，もっとおいしい野菜にしたい。」などと発言し，「おいしい野菜」を捉え直していることがうかがえた。

　その後，野菜は無事に成長し，収穫を迎えることができた。児童らは野菜の出来映えに大満足であった。収穫を終えた児童らに，教師は改めて「おいしい野菜」とは何かを問いかけた。児童は，「小さくても，虫食いがあってもよい。自分が育てたから，おいしい野菜だ。」，「いろいろな苦労を乗り越えた特別な野菜だ。」，「愛情たっぷりの特別な野菜だ。」と答えた。

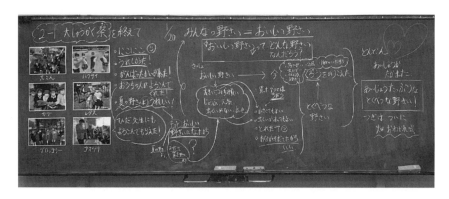

　この一連の授業における，「おいしい野菜」に対する児童の認識の変遷から，児童の知識の変容を捉えることができる。最初の児童の「おいしい野菜」の捉えは，極めて観念的で抽象的である。その後，苦労をしても虫食いになってしまった自分の野菜が「おいしい野菜」ではないのかを問われると，例え虫食いであっても「おいしい野菜」であると捉え直している。ここでは，「おいしい」

について，単に味や見た目だけでなく，実感的かつ具体的に捉えていることがわかる。そして，収穫を終えた児童は，「おいしい野菜」を自分の感情と重ね合わせて情緒的に捉えている。このように解釈すると，児童の気付きは，最初の観念的で抽象的な気付きから，実感的で具体的な気付きに，そして情緒的な気付きに変容していったこととなる。情緒的な気付きは，自然科学の視座から見れば，「非科学的」な気付きかもしれない。しかし，この情緒的な気付きは，より組織化され一般化された概念的な知識（つまり，「おいしい」とは，単に味や見た目だけでなく，作り手の思いや願いなども関係している，という理解）に繋がるものと捉えられる。

　なお，ここでは学習指導要領解説で使用されている「情緒的」という用語を用いた。情緒や情動，情意はいずれも感情や気持ちを表す言葉であり，情動は心理学で，情意は言語学で用いられるのに対し，情緒は広く社会一般で使用されている。学習指導要領解説においては，情緒（「情緒的側面」と「認知的側面」と並列して用いられている）あるいは情意（「知的」に対する用語として「情意的」が用いられている）が使用されているが，ここでは，これらの用語を特に区別せずに論じたい。

　このように，生活科における知識とは，「一般化された認識」とは異なる，極めて個人的なものであり，そこには知的な側面や情意的な側面が入り交じり渾然一体となったものと解釈できる。この事例では，おいしい野菜という対象に対する気付きの変容について紹介したが，「自分自身への気付き」もまた同様に解釈できる。例えば，自分の成長を振り返り，将来の自分の可能性への思いを高める生活科の授業場面では，できるようになったことや役割が増えたことなどに気付いた児童は，自分に自信をもったり，自己有用感や自己効力感を高めたりする。できるようになった自分についての認知は，知識とは言え，情意的な側面との結びつきが極めて深い。このような情意的な側面を含む気付きを，ここでは「情意的な気付き」と呼ぶことにしたい。

　気付きには，情意的な側面の他に，社会的な側面もある。例えば，「おもちゃランド」に近所の園児を招待して楽しんでもらいたいと考えた児童たちは，同じグループの児童とアイデアを出し合い，協力しておもちゃを制作したり，

ルールを考えたりした。招待した園児は大いに喜んで、「おもちゃランド」の活動に満足した児童は、「どうして成功したのか」を振り返る場面で、同じグループの児童のことを思い出し、仲間と対話し、協力し合ったからこそ成功することができたことに気付く。この気付きは、仲間と協力することや対話することのよさについての気付きであり、「社会的な気付き」と換言できる。ただし、この社会的な気付きは、情意的な気付きが根底にあるものと考えられる。この事例では、招待する園児に喜んでもらいたいという情動がなければ、社会的な気付きは得られないであろう。同時に、このような情動は、人との関わりによって生まれるものであり、情動は社会的に形成されるとも言える。したがって、情意的な気付きと社会的な気付きは、相互に深く関わり合うものと考えられる。

　なお、技能についても、習慣化して身に付いた技能を見取ることになるが、飼育している動物を適切に世話する技能を例に取っても、その技能の中には、動物に対する思いや愛着によって支えられる技能がある。このような技能は「情意的な技能」を呼ぶことができる。また、適切な挨拶や言葉遣い、電話や手紙などの手段を用いたコミュニケーションで求められる技能は、「社会的な技能」と言える。なお、ここで言う社会的な技能とは、単にコミュニケーションツールを機械的に用いるための技能を指すものではなく、相手と関わることに関する情動に基づき発揮される技能である。このように考えると、情意的な技能と社会的な技能は密接に関係し合っていると言えるだろう。

　このように、生活科で育成を目指す知識や技能には、それぞれ情意的な側面、社会的な側面が含まれおり、それらを截然と区別することは困難である。それは、自分とどのような関係があるのかを意識しながら、対象のもつ特徴や価値を見いだすことが重視される生活科ならではの特徴と言えよう。

（2）生活科において育成を目指す「思考力，判断力，表現力等の基礎」

　生活科における思考力、判断力、表現力等の基礎は、児童が自分自身や自分の生活について考えたり表現したりできるようにすることが想定されている。考える、つまり思考については、具体的には以下のような例示がある。

① 見付けて（見付けながら）
　・思い起こして，感じて，気にしながら，意識しながら　など
② 比べて（比べながら）
　・特徴でまとめながら，違いで分けて，順序を考えながら　など
③ たとえて（たとえながら）
　・知っていることで表しながら，関連付けながら，置き換えて，見立ててなど
④ 試して（試しながら）
　・実際に確かめながら，調べたりやってみたりして，練習しながら　など
⑤ 見通して（見通しながら）
　・思い描きながら，予想しながら，振り返って　など
⑥ 工夫している（工夫しながら）
　・生かしながら，見直して　など[36]

　これらの思考をしている児童の姿，つまり表現している児童の姿については，以下のように例示されている。

・観察している，関わっている，記録している，方法を決めている，表している，集めている，楽しんでいる，遊んでいる，交流している，捉えている，知らせている，利用している，伝え合っている，計画を立てている　など[37]

　ここで例示されている思考の例は，極めて知的なものと捉えることができる。しかし，これらの思考は，単なるスキルでなく，情意的な思考や社会的な思考が入り交じっていると考えることができる。以下，「めざせ！　アサガオさんの○○」[38]の実践事例を基に論じたい。
　アサガオのために自分ができることを考え，自分なりの根拠をもって行動することを目標においた授業である。教師が，「今日のアサガオさんの様子はどうかな？」と問いかけると，「元気で笑ってる。」，「葉っぱが閉じたり開いたりしてる。」，「アサガオさんの声が聞こえた。」など，子どもたちからアサガオの様子が次々に出てくる。ある児童は，「僕が昨日アサガオさんに話しかけたら，早く大きくなって花が咲きたいって言ってたんだ。」と言う。すると，他の児童か

らも，「僕のアサガオさんも言ってた！」との声があがり，他の児童も次々にアサガオに耳を傾けはじめた。

　ある児童はアサガオに糸電話を当てて話しかける。話が終わると次は耳をあててアサガオの声を聞こうとする。この児童は「アサガオさん，朝に水をあげたから嬉しいって言ってた。それと，今から一緒にお散歩したいって言ってた。だから今からお散歩に行くの。」，「いつも同じ場所だとアサガオさんはつまらないと思う。でも，アサガオさんは自分で歩けないから私か連れて行くの。」と言い，アサガオを移動させた。この児童は，いつも同じ場所にいるアサガオを見て，もしかしたら違う場所に連れて行くと喜ぶかもしれないと考えたのだろう。他の児童も，「僕も大きな木の下に連れて行って，木と友達になってほしい！」，「日向にいると暑すぎるかもしれないから，もう少し日陰になるところに連れて行くよ。」などと，様々な根拠でアサガオを思い思いの場所に連れて行った。

　この事例において，「早く大きくなって花が咲きたいって言ってたんだ。」という児童の表現からは，アサガオのつるが勢いよく伸びていく様子を感じていること，以前の様子と比べたりしていること，アサガオを擬人化して考えていることなどを読み取ることができるが，いずれも明確な根拠に基づく表現とは言い難い。しかし，このようなアサガオの立場に立った思考は，小学校低学年の児童の発達段階に即した情緒的な思考と言えるだろう。

　もう一つ事例を紹介したい。以下は，「みんなでわくわくダンボールランド」[39)]の実践である。この事例は，1年生の児童たちがダンボールで作った遊び場である「ダンボールランド」に，上級生や保育園・幼稚園の園児を招待して楽しんでもらおうとするものである。ある児童は，上級生を招待した際に，以下のように振り返っている。

　　ぼくは，「さかなつり」のチームでした。二〜六年生に「さかなつり」でたのしんでもらうために，ダンボールでつくった大きなさかなやタコをじゅんびしました。そして，つりざおには，フックをつけてひっかけられるようにしました。あそびばをオープンしたら，たくさんの人がきてくれました。そして，さかなやタコをいっぱいつってくれました。（中略）でも，「つるのがむずかし

> い」という人もいました。こんどは，じしゃくをつけたつりざおもよういして，おきゃくさんがえらべるようにしたいです。そして，ほいくえんやようちえんのえんじさんもあそびばにきてもらいたいです。[40)]

　この児童は，これまでのフックの釣りざおに加えて，磁石を付けた釣りざおを新たにつくって様々な人が楽しめるように遊び場を改良した。そして，保育園や幼稚園の園児を「ダンボールランド」に招待したことを，次のように振り返った。

> 　きょうは，えんじさんが，「ダンボールランド」にきてくれました。「さかなつり」にきてくれたえんじさんに，「フックとじしゃくのどちらのつりざおをつかう？」ときいてからわたしてあげました。じしゃくのつりざおをつかう人がおおかったです。（中略）えんじさんには，「こうするとつれるよ」とつりかたをおしえてあげました。ぼくがおしえたら，みんなじょうずにつってくれました。十ぴきいじょうつっていたえんじさんがいて，ぼくもうれしかったです。[41)]

　これらの児童の振り返りからは，相手意識や目的意識を明確にもって遊び場をつくり変えたり，他者とのかかわりを変化させたりしていることが読み取れる。上級生を招待して遊んでもらった経験を想起し，保育園や幼稚園の園児のことを思い描きながら，試行錯誤して釣りざおを改良していることがわかる。このような，他者の立場に立った思考は，社会的な思考と考えることができる。

（3）生活科において育成を目指す「学びに向かう力，人間性等」

　生活科における「学びに向かう力，人間性等」では，既に述べたように，「身近な人々，社会及び自然に自ら働きかける」ことや，「意欲や自信をもって学んだり生活を豊かにしたりしようとすることを繰り返し，それが安定的に行われるような態度を養う」ことを目指している。このような資質・能力は，極めて情動的で社会的と言える。ただし，「学びに向かう力，人間性等」は，情動や社会性そのものではない。この節では，アサガオの栽培の事例と，「ダンボールラ

ンド」の事例を紹介したが，これらの事例において育成が期待される「学びに向かう力，人間性等」を例に論じたい。

　生活科の内容としては，アサガオの栽培であれば内容(7)「動植物の飼育・栽培」が，「ダンボールランド」であれば内容(6)「自然や物を使った遊び」が最も深く関わると考えられる。それぞれの内容における「学びに向かう力，人間性等」は，以下のように示されている。

内容(6)「自然や物を使った遊び」
　　みんなと楽しみながら遊びを創り出そうとする。
内容(7)「動植物の飼育・栽培」
　　生き物への親しみをもち，大切にしようとする。

　これらの資質・能力は，単に「みんなと楽しく遊ぼうとしている」や「育てた生きものが好きになっている」といった情動や社会性ではない。「学びに向かう力，人間性等」には，極めて知的な側面が内在していると捉えられる。

　内容(6)における「みんなと楽しみながら遊びを創り出そうとする。」については，自分と友達などとのつながりを大切にしながら，遊びを創り出し，毎日の生活を豊かにしていくことにつながっているかが問われる。ダンボールランドを作った児童たちは，単元の終末において，次のように振り返っている。

「ぼくは，チームのみんなで協力したから『ダンボールランド』を完成することができました。協力してくれる友達が増えれば増えるほど，すごいものができました。」
「わたしは，『ダンボールランド』を壊したくなかったです。『ダンボールランド』は，わたしの大好きな場所になりました。『ダンボールランド』のことをずっと忘れないよ。」[42]

　この振り返りからは，「ダンボールランド」でみんなと遊びを創り出したことが，友達との関係性を豊かにし，生活を豊かにしたことがうかがわれる。ここ

には，「友達と一緒に遊ぶことのよさについての理解」や「『ダンボールランド』という遊び場の自分にとっての価値についての理解」が伴っていることがわかる。

アサガオの栽培を終えた児童たちは，飼育小屋にいるうさぎに着目し，「教室で飼ってみたい」という願いをもち，その後，うさぎの教室飼育を開始している。その飼育活動中にも，例えば，「このうさぎはアナウサギという種類だから，おうちにブルーシートをかけて暗くしてあげよう」，「飼い始めた頃はトイレ掃除が嫌だった。でも，今はうさぎのために進んで掃除をしているよ。そのおかげで家でもトイレ掃除をするようになったよ」といった児童の声に代表されるように，生き物への関心を高め，日々の生活を豊かにしていることが読み取れる。ここにも，「アサガオとウサギを比べ，飼育の仕方を考えていること」や「自分の生活が変容したことへの理解」が伴っていることがわかる。

「楽しく遊びたい」とか「生き物が好き」といった情動や社会性は，ここで述べたような「学びに向かう力，人間性等」の基盤には不可欠である。しかし，このような情動や社会性は，児童のパーソナリティやこれまでの生活経験に大きく依拠する「性向」とも言える。「学びに向かう力，人間性等」とは，単なる性向ではなく，知的に知覚されコントロールされた情動や社会性と解釈することが適当である。

この点について，石井ら（2021）は，「入口の情意」と「出口の情意」と説明している[43]。入口の情意とは，興味・関心・意欲などの学習を支える情意であり，授業の目標として掲げるものではなく，授業の進め方を調整する手がかりとなるものを指す。一方で，出口の情意は，教科の中身に即して形成される態度や行動の変容であり，授業の目標として位置付け得るものとしている。入口の情意も出口の情意も，「学びに向かう力，人間性等」を構成する要素であることは間違いないが，育成を目指す資質・能力（すなわち，評価の対象）としての「学びに向かう力，人間性等」は，石井らの言う出口の情意であり，この出口の情意こそが，知性を伴う認知的な情動であり社会性であると考えることができる。

ここで留意すべきことは，「学びに向かう力，人間性等」は，他の資質・能力を発揮する方向性を定めるものであり，他の資質・能力が獲得・育成されてい

ない状態で,「学びに向かう力,人間性等」が発揮されることは考えにくいという点である。例えば,生活科における「学びに向かう力,人間性等」としては,生き物を飼育したり栽培したりする中で,「生き物への親しみをもち,大切にしようとする」資質・能力や,身近な人々と交流する中で,「進んで触れ合い交流しようとする」資質・能力が想定される。飼育や栽培では,動植物を育てる中で,動植物に対して得られた成長や変化,親しみや愛着といった「情意的な気付き」が,身近な人々との交流では,協力したり対話したりする中で得られた他者や社会に対する「社会的な気付き」が得られる。また,動植物をよりよく育てたいと考えたり,相手のことを意識して試行錯誤したりする中では,情意的な思考や社会的な思考が育成・発揮されることになる。加えて,生活科の知識としての「自分自身への気付き」を得るためには,児童が自分の思考や行動を客観的に把握し認識するメタ認知に関わる力を身に付けることが不可欠である。

これらの生活科で育成を目指す資質・能力に関する解釈を整理すると,図3のようになる。

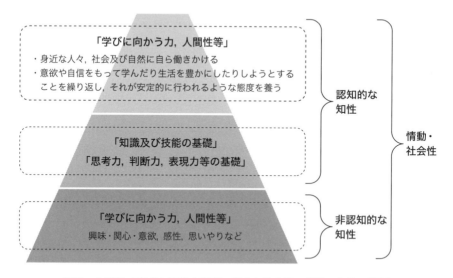

図3 生活科で育成を目指す資質・能力と社会性,情動,知性の関係

「学びに向かう力，人間性等」としての社会性や情動は，資質・能力の全体像において土台として機能する。「知識及び技能の基礎」や「思考力，判断力，表現力等の基礎」は，知的な側面を有しているものの，小学校低学年という児童の発達段階においては，知性と社会性と情動は密接な関係にあると考えられる。さらに，「学びに向かう力，人間性等」は，「知識及び技能の基礎」や「思考力，判断力，表現力等の基礎」を発揮する方向性を定めるものであることから，知性を伴う社会性や情動が「学びに向かう力，人間性等」として発揮されると考えられる。このように，資質・能力の三つの柱，社会性や情動と知性は図３のように相互補完的・調和的な関係にあると結論付けられるが，図３に示すそれぞれの資質・能力を隔てる壁が，非常に曖昧で不可分なものであるところに生活科の特質があると言えるだろう。

おわりに

ここまでに論じてきたように，生活科で育成を目指す資質・能力は，知性と社会性と情動が関係し合い，また，資質・能力の三つの柱も相互に関係し合い，複雑さを有するものとなっている。したがって，生活科で育成を目指す資質・能力については，客観的かつ普遍的な指標として，その育成状況を想定することは簡単なことではない。

しばしば，表面的に表れる児童の姿のみに焦点化する実践を見ることがある。例えば，知的な側面が強調された知識や思考力の獲得・育成を志向する授業である。一方で，知的な側面を軽視する生活科の授業も少なからず見受けられる。これらはいずれも，生活科が育成を目指す資質・能力に資する授業とは言えないことは明らかであろう。生活科において育成を目指す三つの資質・能力は，いずれも知性，社会性，情動をそれぞれ含んでいる。どれか一つの要素に偏ることなく，一体的に育成することが重要である。

知性の重要性は，３年生以降の各教科や総合的な学習の時間への接続という観点からも自明であるが，社会性や情動が，低学年の児童にとって重要な役割を担うことは，これまでの非認知的能力に関する様々な研究の知見から明らかである。それゆえ，今後は生活科において育成を目指す資質・能力に対する十分な

理解と，その育成にむけた学習指導の改善が一層図られることが期待される。

（加藤　智）

【注】

1）文部科学省中央教育審議会「幼稚園，小学校，中学校，高等学校及び特別支援学校の学習指導要領等の改善及び必要な方策等について（答申）」（2016 年 12 月 21 日），10〜11 頁。

2）同上書，28〜31 頁。

3）同上書，155 頁。

4）McClelland, D., Testing for competence rather than "Intelligence". *American Psychologist*, 28, 1973, pp.1–14.

5）加藤恭子「日米におけるコンピテンシー概念の生成と混乱」『産業経営プロジェクト報告書（一般研究)』日本大学経済学部産業経営研究所所報，2011 年，2 頁。

6）Wood, R., & Payne, T., *Competency Based Recruitment and Selection*, Wiley, 1998.

7）加藤恭子，上掲論文，4 頁。

8）松尾知明「21 世紀に求められるコンピテンシーと国内外の教育課程改革」国立教育政策研究所『国立教育政策研究所紀要』2017 年，12 頁。

9）ライチェン，サルガニク（立田慶裕監訳）『キー・コンピテンシー――国際標準の学力をめざして――』明石書店，2016 年，69 頁。(Rychen, D. S. & Salganik, L. H. *Key Competencies for a Successful Life and a Well-Functioning Society*, 2003, Hogrefe & Huber Publishers.)

10）同上書，73 頁。

11）同上書，66 頁。

12）同上書，10 頁。

13）OECD, *The Definition and Selection of Key Competencies Executive Summary*, 2005, p.5.

14）藤井（2019）も，「一読の限りでも，『コンピテンシー』と『コンピテンス』の混在は明らかである」と指摘している。
藤井穂高「OECD のキー・コンピテンシーの理論的根拠に関する一考察（3）――『コンピテンシー』に焦点を当てて――」筑波大学人間系教育学域『筑波大学教育学系論集』2019 年，51 頁。

15）小塩真司『非認知能力　概念・測定と教育の可能性』北大路書房，2021 年，4 頁。

16) P. グリフィン，B. マグゴー，E. ケア編，三宅ほなみ（監訳）『21 世紀型スキル　学びと評価の新たなかたち』北大路書房，2014 年。

17) 同上書，89 頁。

18) 奈須正裕「スキル・コンピテンシー」日本生活科・総合的学習教育学会『生活科・総合的学習事典』2020 年，113 頁。

19) 文部科学省・育成すべき資質・能力を踏まえた教育目標・内容と評価の在り方に関する検討会 —— 論点整理 ——（2014 年 3 月 31 日）https://www.mext.go.jp/component/b_menu/shingi/toushin/__icsFiles/afieldfile/2014/07/22/1346335_02.pdf（2022 年 10 月 1 日確認）

20) 奈須正裕『教科の本質を見据えたコンピテンシー・ベイスの授業づくりガイドブック ——資質・能力を育成する15 の実践プラン——』明治図書，2017 年，9 頁。

21) 文部科学省『小学校学習指導要領（平成 29 年告示）解説　総則編』2017 年 a，東洋館出版社，35 頁。

22) 同上書，36 頁。

23) 文部科学省『小学校学習指導要領（平成 29 年告示）解説　生活編』2017 年 b，東洋館出版社，9 頁。

24) 中央教育審議会初等中等教育分科会教育課程部会幼児教育部会資料（2016 年 3 月 30 日）https://www.mext.go.jp/b_menu/shingi/chukyo/chukyo3/057/siryo/__icsFiles/afieldfile/2016/04/19/1369745_03.pdf（2022 年 10 月 1 日確認）。

25) 文部科学省（2017 年 b），上掲書，12 頁。

26) 同上書，14〜15 頁。

27) 同上書，15 頁。

28) 同上書，16 頁。

29) 国立教育政策研究所『評価規準の作成，評価方法等の工夫改善のための参考資料【小学校　生活】』教育出版，2011 年，33 頁。

30) 国立教育政策研究所『「指導と評価の一体化」のための学習評価に関する参考資料』東洋館出版社，2020 年，41 頁。

31) 同上書，28 頁。

32) 同上書，12 頁。

33) 文部科学省（2017 年 b），上掲書，12 頁。

34) 同上書，13 頁。

35) はじまりの会（2022 年 2 月 23 日開催）鈴木康平教諭（埼玉大学教育学部附属小学校）提案資料。

36) 国立教育政策研究所，上掲書，41 頁。

37) 同上書，41 頁。

38) 篠原裕之「気付きの質が高まる体験と表現の在り方　～第一学年「めざせ！　アサガオさんの〇〇」の実践を通して～」日本生活科・総合的学習教育学会『生活科・総合の実践ブックレット』第 14 号，2020 年，8〜21 頁。

39) 甫仮直樹「思いや願いをもとに問いをもち，学びを深めていく子供　～第一学年「みんなでわくわくダンボールランド」の実践から～」日本生活科・総合的学習教育学会『生活科・総合の実践ブックレット』第 14 号，2020 年，24〜37 頁。

40) 同上書，31 頁。

41) 同上書，32 頁。

42) 同上書，37 頁。

43) 石井英真・鈴木秀幸編著『ヤマ場をおさえる学習評価　小学校』図書文化社，2021 年，48 頁。

【付記】

本章は，下記の論文を加筆・修正したものである。
加藤智「生活科で育成される資質・能力と学習評価に関する一考察」愛知淑徳大学教育学会『学び舎：教職課程研究』第 17 号，2022 年，3 〜 16 頁。

5章 社会情動的スキルを高める生活科の授業
―気付きの質の高まりを通して―

　本稿では，社会情動的スキルの育成を目指した生活科の授業について，児童の気付きの質の高まりに視点をあてて，授業づくりの基本的な考え方，年間計画，学習指導案作成の手順と実践事例を紹介する。

Ｉ　社会情動的スキルについて

　社会情動的スキルは，「非認知的スキル，ソフトスキル，性質スキルなどとしても知られ，目標の達成，他者との協力，情動の管理などに関するスキルの種類」（OECD, 2015a）であり，情動的な側面を持つ非認知能力として提唱された。

　白井（2020）は社会情動的スキルを，これからの時代において重要になってくるスキルであるとし，その理由を以下のようにあげている。一つは，Berger & Frey（2015）らによってAIに代替えされることが困難な仕事として，複雑な社会的関係性が必要となる仕事が挙げられており，高齢化に伴いヘルスケアなどの需要が高まり，気配りや社会性，高齢者への敬意などの社会・情動的スキルを身につけることの重要性が強調されている。もう一つ別の理由として，社会の多様性の増大があげられる。移民などの増加に伴って他者への共感性や，異なる文化への敬意や自己意識といったスキルがより重要になってくる。社会情動的スキルの一部は変化させることが可能であり，政策立案者，教員，保護者は社会情動的スキルが発達するための学習環境の改善において重要な役割を果たしうる（OECD, 2015b）。また，社会情動的スキルは特に幼児期から青年期に伸ばしやすく，初期段階での投資は特に重要であり，高いレベルの社会情動的スキル（例：自信，忍耐）を備える子どもは，認知的スキル（例：数学，科学の授業）にさらに投資することでより恩恵を受ける可能性が高く，身に付

けたスキルがさらにスキルを生むというサイクルがあるため，認知的スキルと社会情動的スキルをバランスよく身に付けることが必要であるとされている（OECD, 2018）。

Ⅱ 生活科の授業で社会情動的スキルをどう高めるのか

　文部科学省（2017a）は，2017年から2018年にかけて行われた学習指導要領改訂において，コンピテンシーに相当する「資質・能力」という言葉を初めて正式に用いた上で，各教科において育成すべき「資質・能力」を「知識・技能」，「思考力・判断力・表現力等」，「学びに向かう力・人間性等」という3つの柱から再構成している。また，「主体的・対話的で深い学び」の実現に向けた授業改善を行うとともに，指導と評価の一体化を進めることで，これらの資質・能力を育成することを目指している。これらは，OECD（2018）が提唱する認知的スキルと社会情動的スキルをバランスよく学校教育において育成しようとするものであり，「学びに向かう力・人間性等」は社会情動的スキルを置き換えたものである（無藤，2017）。

　生活科において認知的スキルと社会情動的スキルをバランスよく育成するにはどうしたらよいか。その答として，本章では，気付きの質を高めることが認知的スキルと社会情動的スキルを相互に高め合う鍵となることを主張する。生活科は開設以来，活動や体験を重視し，人や社会，及び自然とのかかわり合いから学ぶ楽しさや意欲を向上させ，主体的に学ぶ姿勢を何より大切にしてきた。さらに友達や教師，地域の人などとのかかわりでは対話を通して学びを広げたり，深めたりしてきた。そして，当初より子どもの気付きを大切にし，気付きの質の高まりをめざしてきた。野田（2017）は，「気付きの質を高めることこそ，主体的で対話的な深い学びにつながると考える」と主張している。気付きには対象への気付きと自分自身への気付きがあり，気付きの質の高まりとは，①無自覚な気付きが自覚された気付きに高まる，②個別的な気付きがつながりをもった気付きへと高まる，③対象への気付きから自分自身への気付きへと高まることを言う（菱田・野田，2011）。このような気付きの質の高まりは同時

に知識・技能の高まりであり，思考力・判断力・表現力をも育てていく。そして，自分自身への気付きにより，自己の成長や得意とすることに気付いた時，子どもには自己肯定感や自信，意欲といった社会情動的スキル（学びに向かう力，人間性）が生まれ育っていくと考えられる。この学習への意欲や自信は課題の解決やさらなる探究へとつながり，認知的スキルを高めていくことになる。つまり，気付きの質の高まりは，OECD（2018）の言う認知的スキルと社会情動的スキルを相互に高め合うことになると考える（図1）。では，そのような気付きの質の高まりが見られ，ひいては認知的スキルと社会情動的スキルを相互に高め合う生活科の授業づくりとはどのようなものであろうか。以下，Ⅲで授業づくりの手順を示し，学習指導案の事例や記述例を述べる。

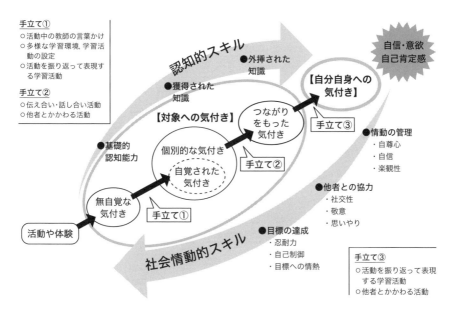

図1 気付きの質の高まりと認知的スキル・社会情動的スキルの関係
（菱田・野田 2011，網掛け部分は筆者加筆）

Ⅲ 認知的スキルと社会情動的スキルを相互的に高める 生活科の授業づくりの手順

1 生活科の目標を踏まえて

　生活科の教科目標を図2に示した。目標では「具体的な活動や体験と通して，身近な生活に関わる見方・考え方を生かし，自立し，生活を豊かにしていく」ことが掲げられている。ここで言う**具体的な活動や体験**とは，「例えば，見る，聞く，触れる，作る，探す，育てる，遊ぶなどして対象に直接働きかける学習活動であり，また，そうした活動の楽しさやそこで気付いたことなどを言葉，絵，動作，劇化などの多様な方法によって表現する学習活動である」（文部科学省，2017b）このような直接体験や表現活動は，対象への気付きを引き出し，繰り返し対象とかかわらせ，表現活動も一緒に行わせることで対象への気付きの質は高まり，自分自身への気付きにもつながっていく。

　見方・考え方とは，「各教科等における学びの過程で『どのような視点で物事を捉え，どのような考え方で思考していくのか』ということであり，各教科等を学ぶ本質的な意義でもある。生活科における見方・考え方は，身近な生活に関わる見方・考え方であり，それは身近な人々，社会及び自然を自分との関わりで捉え，よりよい生活に向けて思いや願いなどを実現しようとすることであ

具体的な活動や体験を通して，身近な生活に関わる見方・考え方を生かし， →	自立し，生活を豊かにしていく

〔育成を目指す資質・能力〕

(1) 活動や体験の過程において，自分自身，身近な人々，社会及び自然の特徴やよさ，それらの関わり等に気付くとともに，生活上必要な習慣や技能を身に付けるようにする。（知識及び技能の基礎）

(2) 身近な人々，社会及び自然を自分との関わりで捉え，自分自身や自分の生活について考え，表現することができるようにする。（思考力，判断力，表現力等の基礎）

(3) 身近な人々，社会及び自然に自ら働きかけ，意欲や自信をもって学んだり生活を豊かにしたりしようとする態度を養う。（学びに向かう力，人間性等）

図2　生活科の教科目標（文部科学省，2017b）

（1）学校, 家庭及び地域の生活に関わることを通して, 自分と身近な人々, 社会及び自然との関わりについて考えることができ, それらのよさやすばらしさ, 自分との関わりに気付き, 地域に愛着をもち自然を大切にしたり, 集団や社会の一員として安全で適切な行動をしたりするようにする。➡ 内容(1)〜(3)

（2）身近な人々, 社会及び自然と触れ合ったり関わったりすることを通して, それらを工夫したり楽しんだりすることができ, 活動のよさや大切さに気付き, 自分たちの遊びや生活をよりよくするようにする。➡ 内容(4)〜(8)

（3）自分自身を見つめることを通して, 自分の生活や成長, 身近な人々の支えについて考えることができ, 自分のよさや可能性に気付き, 意欲と自信をもって生活するようにする。➡ 内容(9)

図3 学年の目標（文部科学省, 2017）

ると考えられる」（文部科学省, 2017b）このように自分とのかかわりにおいて身の回りの事象について気付き, 考えさせ, 見方・考え方を育てるということはすなわち思考力・表現力・判断力等の基礎を育てることであり, 認知的スキルを育成することになる。同時に, よりよい生活の実現に向けて思いや願いを実現しようとする態度というのは学びに向かう力であり, 社会情動的スキルを育成することにつながる。

このような教科目標の下, 生活科では対象とのかかわりを通して学ぶという基本原理は変わらず, 「自分と人や社会との関わり」「自分と自然との関わり」「自分自身」を一体的に扱う工夫を促すものとされており, 2学年を通して9つの内容を学び, 図3のような目標を実現することとされている。9つの内容とは,（1）学校と生活,（2）家庭と生活,（3）地域と生活,（4）公共物・公共施設の利用,（5）季節の変化と生活,（6）自然や物を使った遊び,（7）動植物の飼育栽培,（8）生活や出来事の伝え合い,（9）自分の成長, である。

ただし, 図3は学年の目標とはされているが, 小学1年生と2年生のそれぞれで構成されているわけではない。内容（1）から（9）の目標が階層ごとに設定されており, 2学年を通して各目標を学年ごとにレベルアップしつつ達成していくことに留意する。

2　年間指導計画を作成する

　教科目標や学年の目標に基づき，内容（1）から（9）を季節や学年の発達段階に合わせて並べたり組み合わせたりして2学年分の年間指導計画を作成する。カリキュラムマネジメントの下，学校ごとに地域性や独自性を出せるとよい。年間指導計画は大単元名を考えて作成し，その大単元を元に小単元を作成していく。単元名は教科書に示されているものを参考にしたり，学校や地域，子どもの実態に合わせて，子どもが追究したくなるような単元名にしたりしてもよい。表1に筆者が作成した年間指導計画を示した。表1で例えば2学年でみると「〇っこしぜんはかせになろう」（注：〇の中には学校名が入る）や「いきもの　大すき」のように「　」になっているものは大単元名であり，〔　　　〕内は活動内容を示しており，（5）や（7）は内容の番号ということである。以下

表1　年間指導計画の例

		1年				2年		
	4月	5月	6月	7月	4月	5月	6月	7月
1学期	「〇っこ　がっこう　たんけんたい」〔学校探検〕(1)学校と生活　　「あさがおさん　こんにちは」〔アサガオの栽培〕(7)動植物の飼育栽培　　「たのしいこといっぱい」〔水を使った夏の遊び〕(6)自然や物を使った遊び				「〇っ子しぜんはかせになろう」〔校内外の自然観察〕(5)季節の変化と生活　　「夏やさいをそだてよう」〔夏野菜の栽培〕(7)動植物の飼育栽培　　「いきもの　大すき」〔生き物探検・飼育〕(7)動植物の飼育栽培			
	9月	10月	11月	11月	9月	10月	11月	11月
2学期	「〇っこ　しぜんワールドへようこそ」〔亀〇公園や亀〇の森の探検〕(5)季節の変化と生活〔秋の遊びを楽しんだり，秋の自然物でおもちゃを作ったりする〕(6)自然や物を使った遊び〔秋の自然の楽しさを他者に紹介する〕(8)生活や出来事の伝え合い				「われら〇っ子たんけんたい」〔町の公共施設や商店の探検〕(3)地域と生活　(4)公共物・公共施設の利用　「おもちゃまつりへようこそ」〔不用品を使ったおもちゃ作り〕(6)自然や物を使った遊び〔1年生をおもちゃ祭りに招待する〕(8)生活や出来事の伝え合い			
	1月	2月	3月		1月	2月	3月	
3学期	「〇っこ　あそび　ちょうさたい」〔お年寄りや家族に昔の遊びを学ぶ〕(2)家庭と生活　(3)地域と生活　「もうすぐ　2ねんせい」〔1年間の成長を振り返る〕(9)自分の成長				「タイムマシーンにのって」〔誕生からこれまでの自分を調べ，自分史つくり〕(9)自分の成長　「春やさいをそだてよう」〔春野菜の栽培〕(7)動植物の飼育栽培			

（筆者作成）

の節では大単元「いきもの　大すき」の事例をもとに，学習指導案作成の手順を示す。

3　学習指導案作成の手順

(1)　単元と目標を決める

　授業をする単元が決まったら，子どもの実態を考慮しどういう力を付けたいか考え，生活科で設定されている目標を基に３つの観点（知識・技能，思考・判断・表現，学びに向かう力・人間性等）毎に，目標を設定する。

　生活科は対象となる周りの環境を題材として学習を進めていく中で，思考と表現の一体化を意識し，表現活動を通して思考を深めていくため，多様な表現活動として言葉・絵・動作・劇化などをどの単元も取り入れることになる。同時に表現活動を通して伝え合うことから，内容（8）「生活や出来事の伝え合い」はどの単元も組み込むこととなり，他者とのかかわり合いを深めさせ，自他の良さに気付き，自信や意欲を高めさせていく。表現活動や伝え合いによって，対象への気付きだけでなく，自分自身への気付きも深め，気付きの質を高めていくことになる。ここで，社会情動的スキルにおける社交性，敬意，思いやりといった他者との協働が育つと考える。

(2)　評価規準を観点別に作成する

　指導と評価の一体化の視点から単元全体の目標を作成すると同時に単元の目標に示された資質・能力を踏まえ，単元の評価規準を作成する（図4）。図4では表1に示した年間指導計画において，第2学年大単元「いきもの　大すき」における目標と評価規準の系統と記述例を示している。「いきもの　大すき」は，内容（7）動植物の飼育栽培を扱うので，内容（7）における目標を受けて小単元の目標と評価規準を設定している。

　評価の観点については，目標は３つの観点（知識・技能，思考・判断・表現，学びに向かう力・人間性等）であるが，評価規準では，「学びに向かう力・人間性」は「主体的に学習に取り組む態度」とされ，①知識・技能，②思考・判断・表現，③主体的に取り組む態度の３つである。

(7)動植物の飼育栽培
動物を飼ったり植物を育てたりする活動を通して,それらの育つ場所,変化や成長の様子に関心をもって働きかけることができ②,また,それらは生命をもっていることや成長していることに気付くとともに①,生き物への親しみをもち,大切にしようとする③。

↓

第2学年「いきもの大すき」
身近にいる生き物を捕まえたり育てたりする活動を通して,それらの育つ場所,変化や成長の様子に関心をもって働きかけることができ②,また,それらは生命をもっていることや成長していることに気付くとともに①,身近にいる生き物への親しみをもち,大切にしようとする③。

↓

単元評価規準

①知識・技能	②思考・判断・表現	②主体的に学習に取り組む態度
身近にいる生き物を飼育する活動を通して,その生き物に合った世話の仕方があることや生命を持っていることや成長していることに気付いている。	身近にいる生き物を飼育する活動を通して,その生き物の変化や成長の様子に関心をもって働きかけている。	身近にいる生き物を飼育する活動を通して,その生き物への親しみをもち,生き物の命を大切にしようとしている。

図4　目標と評価規準の例

　ここで,「主体的に取り組む態度」という評価規準が設けられた経緯について説明する。目標の項目「学びに向かう力,人間性等」のままの観点での評価は難しいとの判断から「感性,思いやりなど」は個人内評価で,「主体的に学習に取り組む態度」を評定を付ける観点とし(無藤,2017),学習指導要領では,「主体的に学習に取り組む態度」の評価について,単に継続的な行動や積極的な発言等を行うなど,性格や行動面での傾向を評価するということではなく,自らの学習状況を把握し,学習の進め方について試行錯誤するなど自らの学習を調整しながら,学ぼうとしているかどうかという意思的な側面を評価することが重要であり,粘り強い取組を行う中で自らの学習を調整しながら学ぼうとしているかどうかという意思的な側面を評価することになった(文部科学省,2019)。

　一方,社会情動的スキルの評価については,社会情動的スキルの要素である「目標を達成する力」,「他者と協力する力」,「情動を管理する力」が必要となる場面を意図的・計画的に位置付け,指導者がそれぞれの子どもの実態に応じて,学習活動の場面でそれらの要素に関わる言動などが表出された際に「適切な評

価」を行うことが児童の社会情動的スキルを育むことにつながる（大西・久保田，2017）。この考え方に依拠し，本稿では社会情動的スキルを育成するための支援と「適切な評価」についても言及する。

（3）単元構想について

　大単元の単元名と目標を設定したら，単元構想を練る。細かなまとまりごとの内容を小単元として作成し，小単元ごとの目標や評価規準も作成する。小単元は連続性があり，内容を深化・発展させることができるようにする。例えば大単元「いきもの　大すき」の小単元として，小単元1「○○小のまわりにはどんないきものがいるのかな」，小単元2「学区の生きものたんけんに行こう」，小単元3「生き物ワールドへおうちの人や1年生を招待しよう」，小単元4「生き物たちのこれからを考えよう」の4つを計画した。

　子どもの実態と学校の環境を踏まえ，何を題材とし，どうかかわらせるか，子どもの思考がどうつながっていくのか，つなげられるのか，ゴール地点はどこにもっていくのか思案する。単元構想は，子どもの思考の流れを重視して計画するが，その際，教師は子どもの思いを予想し，見通しをもってある程度のレールを敷かなければならない。しかし，実際に活動した際に，そのレールに沿っておらず，むしろ教師の想定を超える子どもの活動への意欲や気付きを引き出せたなら，当初計画した単元構想の枠を超えるが，それは子どもの思いや願いを生かして活動させている証拠であり，子どもの主体性に依った活動と言える。なお，単元構想の中で，子どもの気付きの質の高まりや認知的スキルと社会情動的スキルの高まりを意識して構想を練るようにするとよい。

　単元構想を練ると同時に，児童観，単元観（教材観），指導観も作成する。以下に大単元「いきもの　大すき」（内容（7）動植物の飼育栽培）の学習指導案における児童観，単元観，指導観の記述例を示す。

　具体例）「いきもの大すき」
　【児童観】
　　昨今の子どもたちは，習い事やゲーム中心の生活のため，外遊びが減ったこ

とで体力は低下し，遊びを考える力も弱まり，生き物との触れ合いはおろか，友達とどうかかわっていいのか分からないという傾向も見られる。

　生き物についてアンケートをとってみたところ，「生き物が好き」と答えた子は全体の8割に上った。では，身の回りのどこにどんな生き物がいるか聞いてみると，家の庭や近くの公園などでトカゲやダンゴムシ，ハチ，カマキリ，スズムシ，メダカなどたまたま見かけたり，家で飼っていたりする生き物の名前が少数の子から出てきたのみであった。生き物は好きだが，行動範囲が狭く，生き物とそれほど深く触れ合ってはいない子どもたちの実態が見えてきた。

【単元観】

　本校の敷地内には〇〇の森，学区には，〇〇公園や河川敷といった広くて，自然に恵まれた場所が多くある。これらの自然と触れ合い，生き物と出会わせることで子どもたちに生き物への関心をもたせることができるのではないかと考えた。そして，生き物と触れ合い，世話をしていく中で生き物への愛着をもち，命の大切さにも気付かせることができるのではないかと考えた。また，生き物を捕まえたり，育てたりする活動を通して子どもたち同士が協力し合ったり，困りごとを解決するために知恵を出し合ったりすることで協働性や思考力・判断力を育成することができるのではないかと考えた。

【指導観】

　本単元の導入として身の回りの生き物のことを尋ね，どこにどんな生き物がいるのかよく知っている児童の情報を基に生き物探検を提案する。最初は学校の近くの河川敷へみんなで行き，そのあともう1回行くとしたらどこへ行きたいかを話し合わせ，行きたい場所別のグループを作り，保護者の付き添いをボランティアとしてお願いする。1回目，2回目と生き物探検に行った後，捕まえてきた生き物たちをどうしたいか話し合わせ，飼いたいのならどのようにしたらよいか調べたり，考えさせたりして自分たちの力で実行させていく。教師は，定期的に観察カードを書かせたり，常に生き物や子どもたちの様子を把握し，子どもたちの気付きをほめたり，気付きをさらに促すような声掛けをしたりしていく。また，困り事が起きた時や次の活動へ発展させたい時には話し合いの場を設け，課題を明確にして考えさせたり，アイディアを引き出したりして課題の解決や次の活動へとつなげていく。

　以下に，児童観，単元観，指導観を記述する際の留意点を示す。

　児童観では，目の前の子どもたちの実態を把握し，どのような力が身に付いており，どのような認知的スキルと社会情動的スキルが不足しているのか，そ

れはなぜなのかを分析し記述する。その際，日頃の児童の様子を観察したり，行おうとする内容に関するインタビューをしたり，児童や保護者にアンケート調査をしたりするとよい。

　単元観（教材観）では，これから行おうとしている単元の意義，教材としての価値，その単元を行うことで子どもにどんな認知的スキルと社会情動的スキルをつけることができるのか，期待できるのはどういうことか，について考察し記述する。その際，活用しようとしている学校の環境等の教材としての有効性などについても記述するとよい。

　指導観では，教師がこの単元で子どもたちにどのような方法で教材と出会わせ，どのような工夫をして子どもたちの思いや願いを高めさせ，子どもたちの認知的スキルと社会情動的スキルを育てていくのか，気付きの質を高めさせていくのかという構想と手立てを記述する。その際，教師の指導にかける思いや願いを記述するとよい。

　なお，児童観，単元観，指導観の順序については，単元観，児童観，指導観とする場合もある。

（4）単元計画について

　単元計画は，小単元ごとに単元名，学習活動，予想される児童の思考の流れ，指導上の留意点，評価規準と評価方法といった項目で作成する。単元計画では，生活科の時数と他教科の時数も入れていくとよい。他教科を組み込んでいくことで合科的な指導となる。

　生活科では，身近な対象とかかわらせ，直接体験を重視して学習を進めていく。身近な題材は子どもたちの生活圏にあるため，いつでも繰り返しかかわることができるメリットがある。身近な題材を見つけるのは教師でもよいが，子どもたちの気付きや疑問から入っていってもよい。学習活動を考えるときは子どもたちの反応や思考の流れを予想し，自然な流れとすることが重要である。子どもたちがどんなことに興味をもち，どのように出会わせ，かかわらせたらその対象に夢中になり，思いや願いをもって主体的に学習に取り組んでいけるかを考える。思いや願いが生まれれば子どもたちはその願いを目標とし，それ

を達成するためにどんどん自ら動き出す。教師は、その動きや気付きを「適切な評価」となるよう個々の子どもを対象に見取り、その活動を認めて価値付けたり、他の子どもに広めたりすることで、個人の活動をクラス全体の活動へと広げていくとよい。そして、活動に支障が起きた時、クラスの問題（課題）として共有し、解決方法を話し合う。そうすることで、子どもたちは自分事としてその課題を考え、解決していこうとする。ここに社会情動的スキルがねらう**「目標の達成」**が期待でき、**忍耐力**、**自己制御**、**目標への情熱**といった力を育成できると考える。課題を解決し、目標を達成していく過程で、気付きの質は高まり、同時に認知的スキルの向上と目標を達成したことによる自分自身への気付きから自信や意欲を高めた子どもは、さらに社会情動的スキルを高めていくと考えられる（図1）。

　指導上の留意点では、子どもたちの学習活動をスムーズにかつ安全に行っていくために配慮すべきことや子どもたちがつまずきそうな場面でどういう手立てを講じればよいかを記述する。子どもたちに解決できそうなことは自分たちで解決するよう促し、教師がどう支援するかを記述する。ここでは、育成されるべき社会情動的スキルの能力要素毎の支援のあり方も下線によって示しておく。

　評価規準は、指導と評価の一体化の視点から、小単元ごとの目標を設定した上で、3つの観点【知識・技能】、【思考・判断・表現】、【主体的に学習に取り組む態度】に分けて記述する。その際、評価規準ごとにどのような方法で評価するのか明記し、社会情動的スキルの評価についても記述するとよい。

　ここで、大単元「いきもの　大すき」（内容（7）動植物の飼育栽培）における小単元（表2、表3、表4、表5）を例にとり、社会情動的スキルの育成について言及する。表2から5において、社会情動的スキルを向上させる支援については下線が引いてある。

　表2に、小単元1「〇〇小のまわりにはどんないきものがいるのかな」の学習活動、指導上の留意点、評価規準の例を示す。この単元では、捕まえてきた生き物たちをどうするか考えさせることで、せっかく捕まえてきた生き物だし、死なせてはいけないという思いから自分たちで育てたいという**目標への情熱**を引き出していく（下線①）。そして、世話をするうちに生き物が弱ったり、死ん

でしまったりする失敗体験などを通して，その都度どうしたらよいか考えさせ生き物を死なせないために遊びを我慢して世話をする時間を確保するなどの**忍耐力，自己制御**といった力を育成していく（下線②）。

　大単元「いきもの　大すき」では，身近な生き物などの対象と出会い，日々世話をするなどして繰り返しかかわっていくうち，子どもたちには様々な気付きが生まれていくと想定される。昨日とは違う生き物の姿や他の生き物とは違う姿，どんなえさを食べ，どんな場所を好むのか，習性や特徴などである。この気付きは認知的スキルを高めていく。そして，そこに自分の世話する生き物

表2　小単元1「○○小のまわりにはどんないきものがいるのかな」
――身近な題材と出会わせ，思いや願いを育む……【目標の達成】――

小単元名	学習活動・予想される 児童の思考の流れ	指導上の留意点 社会情動的スキルを向上させる支援	【評価規準】と（評価方法） 《社会情動的スキルの評価》
○○小のまわりにはどんないきものがいるのかな　生活（4）	【小単元目標】身近な生き物を探したり，育てたりする活動を通して，生き物の生息環境を考えた住み家やえさを与えることができ，生き物を育てるには適した環境があることに気付き，生き物に愛着をもって大切に育てようとする		
	○○小の回りや家の近くにいる生き物について話し合う　　　…生活（1）		
	・家の近くの田んぼにオタマジャクシがいる ・河川敷にザリガニがいたよ ・みんなで生き物探しに行きたいな ・河川敷に行きたいな	・生き物とかかわった経験を思い出させる ・身近な場所にどんな生き物がいるか興味をもたせる	【知・技】 生き物によって住んでいる環境が違うことに気付いている（言葉・見つけたよカード）
	河川敷に生き物探検に行く　　　…生活（2）		
	・ザリガニをいっぱい捕まえたよ ・カニの穴がいっぱいあるよ ・学校へつれていって，育ててみたいな	・持ち物や服装などの準備をさせ，虫かごやバケツなどは学校でも用意しておく ・安全上の注意を徹底しておく ・うまく捕まえられない子への支援をする	【思・判・表】 生き物の生息環境を考えた住み家やえさを与えることができる（観察カード・行動）
	捕まえてきた生き物たちの育て方を調べる　　　…生活（1）	・<u>捕まえてきた生き物たちをどうしたらいいか，話し合わせる《目標への情熱》①</u>	【主】《目標への情熱，忍耐力，自己抑制》 生き物に愛着をもって，大切に育てようとしている（言葉・行動）
	・ザリガニの餌は，小魚や煮干しなんだよ ・ぼくのカニが死んじゃったよ。水が汚いからかな？ ・もっと他の生き物も探してみたいな	・<u>自分の生き物の世話に責任をもたせるようにする《忍耐力》《自己抑制》②</u>	

（筆者作成）

への愛着が生まれ，名前を付けたり，一緒に遊びたくなったり，みんなに見せたくなったりという思いが生まれる。思いは願いとなり，この生き物とかかわることによって生まれる愛着が**忍耐力，自己制御**（表2下線②）を伴い，**目標への情熱**（表2下線①）を生み，**目標の達成**といった社会情動的スキルを身に付けさせることになると考える。生き物への気付きは対象への気付きであり，自分の思いは自分自身への気付きとなる。それぞれの気付きは繰り返し対象にかかわるほど深まり，高まっていく。ただし，自分の成長や達成感といった自分自身への気付きは日々のお世話をしていることを他者に褒められたり，認められたりすることが必要となる。生き物は「ありがとう」とは言ってくれないし，死んでしまったりすれば達成感どころの話ではない。そこで，対象への気付きや自分自身への気付きの質を高めるために表現活動は不可欠となる。見つけたよカード，観察カード，すごいねカード，手紙，絵，日記や作文，発表会等での劇化，クイズ，紙芝居，ペープサート等の表現活動がある。子どもは思ったことや考えを言葉にして話したり，文章として書き記したりすることで気付きの質を高め，思考を深めると同時に認知的スキルを高めていく。そして，自分自身への気付きを高めるために不可欠なのは他者との交流や伝え合いの活動である。こうした活動により社会情動的スキルの**他者との協力**で**社交性，敬意，思いやり**を育成することができると考える。

　次に，小単元2「学区の生きものたんけんに行こう」の学習活動，指導上の留意点，評価規準の例を表3に示す。この単元では，全体での河川敷の生き物探しの後，もう一度生き物探しに行くならどこがいいか話し合わせた上で，今度は行きたい場所別のグループで再び生き物探しに行く活動を行う。そこでは，対象と繰り返しかかわることで気付きの質を高めることをねらっている。グループ内の仲間で協力し合う**他者との協力**の場面で，生き物の捕まえ方を教え合い，助け合うことで**社交性や思いやり**が深まり，捕まえられた時の認め合いが**自信**につながるよう支援する（表3下線③）。

　次に，小単元3「生き物ワールドへおうちの人や1年生を招待しよう」の学習活動，指導上の留意点，評価規準の例を表4に示す。この授業では，これまで育て，ずっとかかわってきた生き物たちをみんなに見てもらいたいという子

表3　小単元2「学区の生きものたんけんに行こう」
—— 繰り返し対象とかかわることで気付きの質を高める ——

小単元名	学習活動・予想される 児童の思考の流れ	指導上の留意点 <u>社会情動的スキルを向上させる支援</u>	【評価規準】と（評価方法） 《社会情動的スキルの評価》
学区の生きものたんけんに行こう　生活（4）　国語（2）	【小単元目標】身近な生き物を探したり，育てたりする活動を通して，生き物の生息環境を考えた住み家やえさを与えることができ，生き物を育てるには適した環境があることに気付き，生き物の命を大切にし，育てようとする		
	もう一度生き物探検に行くならどこに行きたいか話し合う …生活（1）		
	・今度はどこへ行こうかな ・もう一度河川敷に行きたいな ・熊野町の田んぼに行きたいな	・他にどんな場所に生き物がいるか話し合わせ，自分が行きたい場所を考えさせる	【知・技】 生き物によって住んでいる環境が違うことに気づいている（言葉・見つけたよカード）
	グループ毎に生き物探検の計画を建てる　…生活（1）	・保護者の付き添いボランティアをお願いしておく	
	・探検の旗を作ろう ・パスポートに写真を貼ろう ・持ち物は，たもとバケツでいいかな ・グループの約束を決めよう ・お母さんも一緒にいってくれるんだって ・生き物たちの写真も撮りたいな	・行きたい場所別のグループを作り，グループ毎に持ち物や服装などの準備をさせる。カメラなどは学校で用意する	【思・判・表】 生き物の生息環境を考えた住み家やえさを与えることができる（観察カード・行動）
	グループ毎に生き物探検に出かける　…生活（2）	・安全上の注意を徹底しておく ・<u>捕まえ方を教え合ったり，助け合ったりさせる。上手く捕まえられたら認める声掛けをする</u>《社交性》《思いやり》《自信》③	【主】《社…思いやり》 生き物の命を大切にし，育てようとしている（言葉・行動）
	・ミドリガメ捕まえたよ・カニを見つけたよ ・またザリガニを見つけたよ ・ドジョウやオタマジャクシ見つけたよ		《社…社交性，自信》 友達と助け合いながら生き物を捕まえようとしたり，上手く生き物を捕まえられたときにお互いを讃え合っている
	探検で捕まえた生き物や探検のことをみんなに知らせる …国語「かんさつしたことを書こう」（2）	・捕まえてきた生き物たちをどうしたらいいか，話し合わせる	
	・ぼくが捕ったザリガニの写真だよ ・「みんなの広場」（掲示板）にはろうよ ・お母さんが，熊野の田んぼでドジョウのいるところを教えてくれました ・生き物たちがいっぱいになったね ・生き物たちをみんなに見てもらいたいな	・目の前にいる生き物たちのことを誰にどういう方法で伝えるかを考えさせる	

（筆者作成）

どもたちの思いを実現させるべく「生きものワールド」を自分たちで計画させ，生き物や招待する人のことも考えさせた活動を行う。そこでは，まずは，かわいがっている生き物たちに負担がかかり過ぎないように考えさせることで**思いやりの心**を育てる（表4下線④）。そして，生き物と来る人の両方に楽しんでもらえるようかかわり方を考えさせることで**社交性，思いやり**を，異年齢との交流によって**敬意，思いやり**を育てる（表4下線⑤）。他者と協力して交流会（生き物ワールド）を工夫し，成功させることで達成感が得られ，すごいねカードで他者から認められることで**情動の管理**の**自尊心**が高まり，**自信**をつけ自己の

表4　小単元3「生き物ワールドへおうちの人や1年生を招待しよう」
—— 異年齢との交流・伝え合い【他者との協力】 ——

小単元名	学習活動・予想される児童の思考の流れ	指導上の留意点 社会情動的スキルを向上させる支援	【評価規準】と（評価方法）《社会情動的スキルの評価》
生き物ワールドへおうちの人や1年生を招待しよう 生活⑥ 国語① 図工②	【小単元目標】身近な生き物の特徴や触れ合うことの楽しさを誰にどのように伝えるかを考え工夫して発表し，生き物の素晴らしさや自分や友達の良さに気付き，生き物と触れ合うことの楽しさを伝えようとする		
	生き物たちを誰にどういう方法で見てもらうかについて話し合う …生活(1)		
	・おうちの人を呼びたいな ・1年生を招待しよう ・生き物たちを見てもらったり，遊んだりしてほしい ・生き物ワールドにしよう	・<u>生き物にとって過酷にならないように注意させる</u>《思いやり》④	【知・技】《社…敬意，自尊心，自信》 友達と協力して発表を行うことによって自分や友達の良さに気付いている（言葉・すごいねカード）
	生き物ワールドの準備をする …生活(2) 国語(1) 図工(2)	・世話をしている生き物別のグループを作り，どのように見てもらうかを考えさせる	
	・案内役の子がいるね ・生き物クイズコーナーを作ろう ・招待状を作ろう ・生き物パズルコーナーを作ろう	・<u>生き物と見に来る人の両方の立場を尊重して楽しんでもらう方法を考えさせる</u>《社交性》《敬意》《思いやり》⑤	【思・判・表】 生き物の生態や特徴を分かりやすく伝える工夫をし，発表することができる（行動・振り返りカード）
	生き物ワールドを行う …生活(3)	・1年生と保護者でローテーションを組み，密にならないようにする	【主】《社…社交性》 生き物の素晴らしさや生き物と触れ合うことの楽しさを伝えようとしている（言葉・行動）
	・これ僕が捕まえたザリガニだよ ・カニのパズル，おもしろいよ ・カエルは何を食べるでしょう？ ・また遊びに来てね	・<u>来てくれた人たちに「すごいねカード」を書いてもらう</u>《自信》《自尊心》⑥	《社…思いやり》 生き物や身に来てくれた人たちに優しく接することができる（言葉・行動）

（筆者作成）

成長を感じ，次の活動への意欲をもたせることができる（表4下線⑥）。

　生き物たちとのかかわりが深まれば深まるほど，子どもたちの生き物への思いは当然深まる。しかし，生き物たちの命を永遠に守り続けるわけにはいかない。そこで，次に小単元4「生き物たちのこれからを考えよう」（表5）を計画し，夏休みを前に生き物たちをどうするか話し合わせる。生き物にとって本当に幸せな環境は何なのか，自分たちがこのまま飼い続けてもよいのか，そのようなことを考えさせることで自他の立場に立ち，葛藤が生まれる。葛藤した挙げ句，最終的に自分で判断するのである。そこには生き物への**思いやり**がなければ成立しない（表5下線⑦）。社会情動的スキルの**情動の管理**として自分の感

表5　小単元4「生き物たちのこれからを考えよう」
──生き物にとっての良い環境を考えさせ，葛藤させる【情動の管理】──

小単元名	学習活動・予想される児童の思考の流れ	指導上の留意点 社会情動的スキルを向上させる支援	【評価規準】と（評価方法） 《社会情動的スキルの評価》
生き物たちのこれからを考えよう　生活（3）国語（1）	【小単元目標】生き物たちのこれからを考えることによって，生き物と自分や周りの人にとってより望ましい方法に気付き，自分で判断し，生き物の命を守り続けようとする		
	生き物たちを夏休み中どうするかについて話し合う　…生活（1） ・その内死んじゃうから，元いた場所へ戻してあげよう ・家へ持ってかえって，育てたいな ・元いた場所へ返してあげて，もう一度秋になったら見に行ってみようよ	・生き物たちの立場になって考えさせる《思いやり》 ・持って帰って育てる場合は家の人に確認を取らせる ・自分の考えを振り返りカードに書かせる《楽観性》⑧	【知・技】《社…楽観性》 生き物の命を守るために生き物と自分や周りの人にとってより望ましい方法に気付いている（言葉・行動・振り返りカード）
	生き物たちにお別れの手紙を書く　…国語（1） ・カメさん，怪我をさせてしまってごめんね ・ぼくたちと遊んでくれてありがとう ・別れるのはとても寂しいよ	・これまでの生き物たちとのかかわりを思い出させ，心を込めて書かせる《自信》《感謝》《自尊心》⑨	【思・判・表】 ・生き物の命を守るためにこれからどうしたらよいか生き物の立場になって考えることができ，自分でどうするかを判断することができる（言葉・行動） ・これまで生き物とかかわったことから生まれた生き物への思いを表現することができる（手紙）→国語
	生き物たちを元いた場所に返しに行く　…生活（2） ・カメさん，さようなら ・今までありがとう ・また，秋に見に来るからね	・元の場所に返すことを決意した子たちの生き物と一緒にみんなで返しに行く ・家に持ち帰る子は安全に持って帰れるように準備をさせる	【主】 生き物の立場になって考え，決めた方法を実践し，生き物の命を守り続けようとしている（言葉・行動）

（筆者作成）

情をコントロールする必要もある。**自尊心**や**自信**は生き物ワールドなどの交流会で育つと思われるが，生き物にとっていい環境に気付き，折り合いをつける**楽観性**（表5下線⑧）はここで必要となろう。生き物にとっていい環境が分かっていても自分で命を守りたい，飼い続けたいという思いも命の大切さを分かっていることになると考える。その思いが強ければ強いほど，これまでの活動に深まりがあり，価値があったといえる。また，生き物の命を守り，育ててきたという自信や生き物への感謝といった自分自身への気付きを生き物への手紙に書かせることで**自尊心**の育成につなげるとよい（表5下線⑨）。

(5) 本時の指導について
ア　本時の目標を立て評価規準を明確にする

　本時では，どのような活動を通して，子どものどういう姿を目指すのか目標を設定し，それに沿った評価規準も明確にする。評価規準の「主体的に学習に取り組む態度」の中に社会情動的スキルの評価項目も入れておく。下に小単元4「生き物たちのこれからを考えよう」（4時間完了）の第1時における本時の目標と評価規準の記述例を示す。

例)小単元4「生き物たちのこれからを考えよう」(1/4)
① 本時の目標
生き物たちのこれからを考えることによって，生き物と自分や周りの人にとってより望ましい方法に気付き，自分で判断し，生き物の命を守り続けようとする。

評価規準と評価方法

知識・技能	思考・判断・表現	主体的に学習に取り組む態度
生き物の命を守るために生き物と自分や周りの人にとってより望ましい方法に気付いている（言葉・行動・振り返りカード）	生き物の命を守るためにこれからどうしたらよいか生き物の立場になって考えることができ，自分でどうするかを判断することができる（言葉・行動）	生き物の立場になって考え，決めた方法を実践し，生き物の命を守り続けようとしている（言葉・行動）《社会情動的スキル…思いやり，楽観性，自信》

イ　本時の構想

　本時の目標を設定したら，その目標を達成するための本時の構想を書く。まずは本時に至るまでの経緯や子どもたちの様子，それを踏まえて本時ではどういう手立てで目標を達成していくのか，教師の狙いや願いを書く。下に小単元4「生き物たちのこれからを考えよう」（4時間完了）の第1時の構想の記述例を示す。

例）「生き物たちのこれからを考えよう」（1/4）
② **本時の構想**

　これまで子どもたちは，河川敷や学区の田んぼなどで生き物を捕まえ，その生き物たちを教室で生き物別のグループで協力し合い，大切に育ててきた。最初は生き物のことが苦手だった子もグループの仲間と一緒にかかわるうちに生き物たちに夢中になっていった。自分たちの生き物がかわいくて，生き物ワールドでは保護者や1年生の子たちにクイズやふれあい体験などを通して，自慢げに見てもらっていた。あまりの楽しさに生き物ワールドには全校の人たちに来てほしいと校内のテレビ放送に出て宣伝するほどであった。

　本時では，学校で飼い続けるわけにはいかない夏休みを前に生き物たちをどうしたらよいか話し合わせたいと考えた。これまでの生き物とのかかわりが濃蜜であればあるほど，手放したくはないと考えるはずである。自分が飼い続けたいと思う一方で，本当に生き物にとっていい環境は何かという視点で考えることができたら，それは子どもたちの心の成長での証でもある。そして，それを自分自身で決断させ，実行しようとするところに価値があると考えた。

ウ　展開

　本時の構想に沿って**導入→展開→まとめの主発問**を考え，それについての**子どもたちの予想される反応や指導上の留意点**を書き，**板書計画**を立てる。指導上の留意点の中に**社会情動的スキルを向上させる支援**についても書き加える。時間配分は重要であり，しっかり時間をかけたいところとそうでないところの軽重をつけ，ゆとりをもって配分したい。時間は累積時間で表す場合と区間のみ（以下の例）で表す場合とがある。以下に小単元4「生き物たちのこれからを考えよう」（4時間完了）の第1時の学習指導案の展開の記述例を示す。

時間	学習活動と 予想される子どもの思考の流れ	指導上の留意点 社会情動的スキルを向上させる支援
導入(5分)	前時の活動を振り返る ・生き物ワールド楽しかったよ ・たくさんお客さんが来てくれてうれしかった ・生き物さんたち,疲れちゃったかな	・ビデオや写真で前時の様子を思い出させる ・生き物の気持ちも考えさせる《思いやり》
展開(30分)	夏休みを迎えるにあたり生き物たちをどうするか考え,話し合う ・家に連れて行って育てたい ・生き物は自然の方がいいから元の場所へ返す ・弱ってる生き物たちだけ返す	・生き物を連れて帰りたい派と自然に返す派でそれぞれの考えとその理由を言わせる ・自分の考えを主張するだけでなく,他者(生き物)の立場に立って考えることの大切さにも気付かせる《楽観性》
まとめ(10分)	自分が飼っている生き物をどうしたいか考え,振り返りカードに書く ・やっぱりかわいいから自分の家に連れて行って飼います ・生き物さんにとっては自然の中の方がいいと思うから返します ・私のザリガニさんはこの頃疲れてるみたいだから,返した方がいいかな	・話し合ったことを踏まえて自分の考えを決めさせる《自信》 ・連れて帰る人は命を守る責任があることを伝える。また,家の人にも聞くよう促す

　導入には，本時の目標をつかみ本題に入るきっかけづくりとして子どもたちに関心をもたせ，授業に引き込んでいくという重要な役割がある。そのために，前時を想起させたり，子どもたちの興味関心を引き出す課題や教材教具を提示したりするとよい。

　本時は，これまで育ててきた生き物たちの今後を考えさせ，生き物の生きる環境と自分の生き物への愛情との間で葛藤させて判断させるという認知的スキルの思考力・判断力の向上と社会情動的スキルでは，生き物への思いやり，生き物のために妥協するという楽観性，これまで育ててきたという自信などの向上が期待される。展開では，これらを引き出すべく子どもたちの考えが揺さぶ

られるような発問で話し合い場面を設定する。例えば，夏休みには生き物を返すか家で育てるかという意見が対立するような場面を作り話し合わせるとよい。これまでの生き物とのかかわりが深ければ深いほど子どもたちは返す，返さない，迷っているという立場で話し合いは白熱する。そして，**まとめ**の場面では，お互いの考えを聞いた上で自分がどうするのか判断させ，その考えを書かせるのである。

エ　板書計画

　板書計画では，指導案と同様に子どもたちからどんな意見が出されるのか予想し，どう整理するかを考えておく。つまり授業の見通しを立てることになる。板書には，子どもたちが授業の途中や終わりにどんなことを話し合い，学んだのかを可視化し，再確認しつつ思考を深めさせる重要な役割がある。実際授業をしてから適当に書けばよいなどと考えることは危険である。板書の出来映えは授業の成果そのものである。尚，板書で使う漢字はそれまでに国語で習っている漢字を使うよう留意する。以下に小単元4「生き物のこれからを考えよう」（4時間完了）の第1時の授業における板書計画の例を示す。

これまでのふりかえり	生きものたちのこれからを考えよう	
・生きものワールド楽しかったよ ・たくさんおきゃくさんが来てくれてうれしかった ・生きものさんたち，つかれちゃったかな	【家でそだてる】 ・かわいいからぜったいかえしたくない ・おうちでかった方がえさもあるし，あん心だから ・ザリガニのえりちゃんとはなれたくない ・おうちの人もいいって言ったから	【しぜんにかえす】 ・かわいいけど，いつまでもいっしょにいられないから ・ザリガニさんにも家ぞくがいて，会いたいかも ・元いた場しょが本当のおうちだから ・かわいそうだから ・弱っている生きものだけかえす

自分の考えをふりかえりカードに書こう

図5　板書計画の例

おわりに

　本稿では，気付きの質を高める生活科の授業づくりに視点をあてて，その考え方と学習指導案作成の手順や記述例を示した。人や社会，自然とのかかわりを通して主体的に学ぶ姿勢を大切にし，子どもが思いや願いをもって活動に夢中になれる姿を追い求めたい。そのためには，活動を通して生まれる子どもの気付きを大切にし，教師がそれを見取り，価値付けしたり，さらなる追究へと導いたりすることが重要である。それによって，気付きの質は高まり，同時に，自信や意欲といった社会情動的スキルと理解力や思考力といった認知的スキルを交互に高めることになると考える。

　生活科は，型に縛られない，子どもや地域の実態に合わせた授業づくりのできる柔軟性の高い教科である。目の前の子どもや周りの環境に合わせる柔軟性をもち，子どもの気付きの質を高められるダイナミックな授業づくりをしていただけたら幸いである。

（神谷裕子）

【参考・引用文献】

Berger, T. & Frey, C. B. (2015),

Future Shocks and Shifts: Challenges for the Global Workforce and Skills Development https://www.oecd.org/education/2030-project/about/documents/Future-Shocks-and-Shifts-Challenges-for-the-Global-Workforce-and-Skills-Development.pdf（2023年1月31日）

菱田尚子、野田敦敬（2011）「気付きの質を高める指導に関する研究」『せいかつか＆そうごう』第18号，日本生活科・総合的学習教育学会，88～95頁。

文部科学省（2017a）『小学校学習指導要領（平成29年告示）解説　総則編』東洋館出版社，93～94頁。

文部科学省（2017b）『小学校学習指導要領（平成29年告示）解説　生活編』東洋館出版，9頁，17頁，19～21頁，26頁。

文部科学省「児童生徒の学習評価の在り方について（報告）」9～10頁　https://www.mext.go.jp/component/b_menu/shingi/toushin/__icsFiles/afieldfile/2019/04/17/1415602_1_1_1.pdf（2023年1月31日）

無藤隆（2017）『学習指導要領改訂のキーワード』明治図書，78頁。

野田敦敬（2017）「中教審答申と新学習指導要領（案）に思うこと」『自ら学び学び合う子を育てる学び方』日本学び方研究会，第343号，18頁。

OECD(2015a), *Skills for Social Progress: The Power of Social and Emotional Skills, OECD Skills Studies.* OECD Publishing.

OECD（経済協力開発機構），ベネッセ教育総合研究所邦訳（2015b）「家庭，学校，地域社会における社会情動的スキルの育成」『OECD ワーキングペーパー』，9頁。

OECD（経済協力開発機構），ベネッセ教育総合研究所邦訳（2018）『社会情動的スキル 学びに向かう力』 明石書店，21〜23頁，52頁。

大西有・久保田みどり（2017）「小学校生活科の教育課程改善に向けた一考察――社会情動的スキルの発達を促す生活科の指導――」『茨城大学教育実践研究』第6号，123〜133頁。

白井俊（2020）『OECD Education2030 プロジェクトが描く教育の未来』ミネルヴァ書房，125頁。

生活科の学習評価
—知性，社会性，情動を育む評価の検討—

6章

はじめに

　生活科における評価の仕方が分からないという小学校の先生の声を耳にするとき，その意味は概ね二つのパターンに解釈できるのではないだろうか。例えばある先生は，他の教科の場合，単元テストなどで評価することができるが，生活科の場合はテストがないため，評価が難しいと考えているかもしれない。またある先生は，学習指導要領が改訂され，育成が目指される資質・能力が新たに示されたが，旧学習指導要領における評価のやり方と大きく変わるのかという思いで「評価の仕方が分からない」と言っているのかもしれない。前者に対しては，生活科においても他教科においても，「評価」というのは学期末や学年末に行われる事後評価だけではないと回答することができるだろう。本章Ⅰにおいては，その詳細を踏まえるためにも，学習評価とはどのようなものかについて，学習指導要領改訂による学習評価改善の経緯を踏まえて明らかにしていきたい。一方後者への回答としては，学習指導要領改訂後の生活科の学習評価事例を明示する必要がある。よって続くⅡでは，学習指導要領改訂後の生活科の学習評価事例を明示していきたい。

　他方で，学習指導要領において求められる生活科の学習評価によって，果たして知性，社会性，情動を評価できるのかを検討することは，本章に課された命題であると考える。よってⅢでは，生活科において知性，社会性，情動をどのように評価していくべきかを，第2章で紹介したプロジェクト・アプローチの知見をもとに検討していく。そしてⅣでは，知性，社会性，情動を評価することができるプロジェクト・アプローチの評価方法であるドキュメンテーションを提示する。

I ▶ 新学習指導要領を踏まえた学習評価の改善

（1）学習評価改善に至る経緯

　中央教育審議会による『幼稚園，小学校，中学校，高等学校及び特別支援学校の学習指導要領等の改善及び必要な方策等について（答申）』（以下，答申と称する）においては，「『子供たちにどういった力が身に付いたか』という学習の成果を的確に捉え，教員が指導の改善を図るとともに，子供たち自身が自らの学びを振り返って次の学びに向かうことができるようにするためには，学習評価の在り方が極めて重要」だとした[1]。この文言より，学習評価は子供たちの学習改善につながるものであると同時に，教師の指導改善にもつながるものだと捉えることができる。

　また，学習評価は子供の学習改善と教師の指導改善だけでなく，学校の在り方も改善していくものだとされた。中教審の初等中等教育分科会教育課程部会の『児童生徒の学習評価の在り方について（報告）』（以下，報告と称する）においては，カリキュラム・マネジメントの一環としての指導と評価の重要性について以下のように言及された[2]。「各学校における教育活動は，学習指導要領等に従い，児童生徒や地域の実態を踏まえて編成した教育課程の下で作成された各種指導計画に基づく授業（「学習指導」）として展開される。各学校は，日々の授業の下で児童生徒の学習状況を評価し，その結果を児童生徒の学習や教師による指導の改善や学校全体としての教育課程の改善，校務分掌を含めた組織運営等の改善に生かす中で，学校全体として組織的かつ計画的に教育活動の質の向上を図っている。」このように，報告においては，「学習指導」と「学習評価」は学校の教育活動の根幹であり，教育課程に基づいて組織的かつ計画的に教育活動の質の向上を図るカリキュラム・マネジメントの中核的な役割を担う旨が示されている。

　こうした「指導と評価の一体化」は新しく求められているものではなく，平成元年の学習指導要領改訂の折には，既にその実現が盛んに主張された。そして実際，多くの学校において，子供の姿から学びを見取り，価値付け，その子供の後の学習活動を改善してきた。このように「指導と評価の一体化」を適切

に行う教育実践や学校運営が進められてきた一方で，平成31年度に提示された報告において，学習評価について以下のような課題が指摘された。

・学期末や学年末などの事後での評価に終始してしまうことが多く，評価の結果が児童生徒の具体的な学習改善につながっていない
・現行〔旧学習指導要領〕の「関心・意欲・態度」の観点について，挙手の回数や毎時間ノートを取っているかなど，性格や行動面の傾向が一時的に表出された場面を捉える評価であるような誤解が払拭し切れていない
・教師によって評価の方針が異なり，学習改善につなげにくい
・教師が評価のための「記録」に労力を割かれて，指導に注力できない
・相当な労力をかけて記述した指導要録が，次学年や次学校段階において十分に活用されていない

などである。このような課題も踏まえつつ，報告においては学習評価の在り方について以下の方針を基本として専門的な検討を行ってきたとした。

① 児童生徒の学習改善につながるものにしていくこと。
② 教師の指導改善につながるものにしていくこと。
③ これまで慣行として行われてきたことでも，必要性・妥当性が認められないものは見直していくこと。

③の方針が設けられているのは，上記5点の課題を踏まえてのことだった[3]。加えて，学習指導要領が改訂されるに当たって，「社会に開かれた教育課程」が目指されることとなった。上記の答申や報告の読み取りから，学習評価が子供たちの学習や教師の指導，学校の教育課程の質の向上に関して重要な役割を果たすことは確認できたが，それに加えて，社会との関わりの中で子供たちの豊かな学びを実現する学習評価が必要になったということである。その意味でも，従来の慣行に囚われないことを表明する③の方針は重要なものだったといえる。

以上，学習評価に関わる学習指導要領改訂に至るまでの経緯をたどる中で，学習指導要領を踏まえた学習評価の在り方について確認してきた。それは，以下の点にまとめることができる。

・学習評価は子供たちの学習改善につながるものである。
・学習評価は教師の指導力改善につながるものである。

・学習評価はカリキュラム・マネジメントにおいて重要な役割を担うものである。

・学習評価は「社会に開かれた教育課程」につながるものである。

(2) 新学習指導要領で育成が目指される3観点と観点別学習状況の評価

　学習指導要領の改訂による「社会に開かれた教育課程」の実現に当たって，学習評価の基本的な枠組みは変更されることになった。その枠組みは教育関係者のみならず，家庭や地域，社会の関係者も学校教育を通じて子供が身に付けるべき資質・能力や学ぶべき内容などの全体像を分かりやすく見渡せるものにする必要があったからである[4]。それ故，以下で示すように，学習指導要領において育成が目指される資質・能力が再整理され，その目標に準拠した評価が求められている。

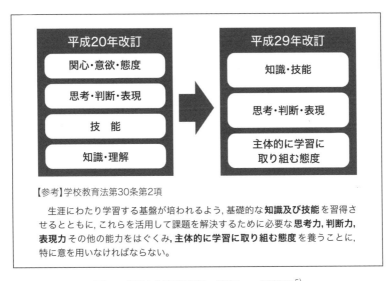

図1　「観点別学習状況の評価」の再整理[5]

　改訂された学習指導要領においては，全ての教科等の目標及び内容が「知識及び技能」（何を理解しているか，何ができるか），「思考力，判断力，表現力等」（理解していること・できることをどう使うか），「学びに向かう力，人間性

等」（どのように社会・世界と関わり，よりよい人生を送るか）の育成を目指す三つの柱に再整理された。学校教育法第30条第2項が定める学校教育において重視すべき3要素（「知識・技能」「思考力・判断力・表現力等」「主体的に学習に取り組む態度」）に照らし合わせると，これらの考え方は大きく共通するものであることが分かる。そして教科の評価については，学習指導要領に定める目標に準拠して，学習状況を分析的に捉える「観点別学習状況の評価」と，これらを総括的に捉える「評定」の両方を実施することが明確にされた[6]。

「観点別学習状況の評価」については，学校教育法第30条第2項に準じた「知識・技能」，「思考・判断・表現」，「主体的に学習に取り組む態度」の3観点に整理された（図1）。3観点別に学習指導要領に示される目標に準拠して，その実現状況を観点ごとに評価して記入することが，「観点別学習状況の評価」においては求められる。小学校学習指導要録には，観点別の学習状況がA（「十分満足できる」状況と判断されるもの），B（「おおむね満足できる」状況と判断されるもの），C（「努力を要する」状況と判断されるもの）のように区別して記入されることとなる。ただし，「観点別学習状況の評価」のみでは示しきれない子供たちの学びや育ちがあることに留意しなければならない。例えば，新学習指導要領における三つの柱の中の「学びに向かう力，人間性等」は「観点別学習状況の評価」の視点として提示された「主体的に学習に取り組む態度」の他にも，感性や思いやりなどの「観点別学習状況の評価」では評価し切れない情動的な能力が内包されている。よって，「観点別学習状況の評価」の項目だけでは評価しきれないものについては，「個人内評価」によって評価する必要があるということである（図2）。

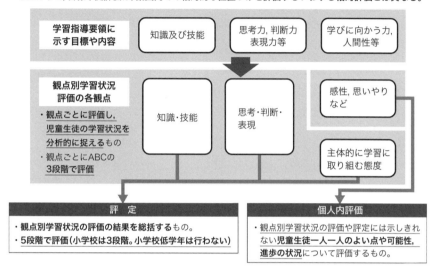

・各教科における，**学習指導要領に示す各教科の目標や内容に照らして学習状況を評価するもの**（**目標準拠評価**）
・したがって，目標準拠評価は，**集団内での相対的な位置づけを評価するいわゆる相対評価とは異なる。**

| 学習指導要領に示す目標や内容 | 知識及び技能 | 思考力，判断力，表現力等 | 学びに向かう力，人間性等 |

観点別学習状況評価の各観点
・観点ごとに評価し，児童生徒の学習状況を分析的に捉えるもの
・観点ごとにABCの3段階で評価

| 知識・技能 | 思考・判断・表現 | 感性，思いやりなど |
| 主体的に学習に取り組む態度 |

評定
・観点別学習状況の評価の結果を総括するもの。
・5段階で評価（小学校は3段階。小学校低学年は行わない）

個人内評価
・観点別学習状況の評価や評定には示しきれない**児童生徒一人一人のよい点や可能性，進歩の状況**について評価するもの。

図2　各教科における評価の基本構造[7]

Ⅱ　生活科単元の学習評価についての事例検討

（1）評価規準の作成

　ここからは，国立教育政策研究所が発行する『「指導と評価の一体化」のための学習評価に関する参考資料』（以下，参考資料と称する）に記載されている事例[8]を参考に，授業者が生活科における単元ごとの学習評価を作成する手順について検討していく。

　指導と評価が一体となるためには，指導やその指導下における子供の学びを評価すべき視点が必要になる。よって，学習指導要領の目標に準拠した評価規準を作成する作業が，まず行われるべきこととなる。以下は，小学校学習指導要領に示される生活科の目標である。

【小学校学習指導要領　第2章　第5節　生活「第1　目標」】

　具体的な活動や体験を通して，身近な生活に関わる見方・考え方を生かし，自立し生活を豊かにしていくための資質・能力を次のとおり育成することを目指す。

(1) 活動や体験の過程において，自分自身，身近な人々，社会及び自然の特徴のよさ，それらの関わり等に気付くとともに，生活上必要な習慣や技能を身に付けるようにする。(知識及び技能の基礎)

(2) 身近な人々，社会及び自然を自分との関わりで捉え，自分自身や自分の生活について考え，表現することができるようにする。(思考力，判断力，表現力の基礎)

(3) 身近な人々，社会及び自然に自ら働きかけ，意欲や自信をもって学んだり生活を豊かにしたりしようとする態度を養う。(学びに向かう力，人間性等)

　この目標に基づいて作成される「生活科の評価の観点及びその趣旨」は以下の表のようになる。尚，この「生活科の評価の観点及びその趣旨」は，「観点別学習状況の評価」の対象とするものについて整理したものである。

知識・技能	思考・判断・表現	主体的に学習に取り組む態度
活動や体験の過程において，自分自身，身近な人々，社会及び自然の特徴やよさ，それらの関わり等に気付いているとともに，生活上必要な習慣や技能を身に付けている。	身近な人々，社会及び自然を自分との関わりで捉え，自分自身や自分の生活について考え，表現している。	身近な人々，社会及び自然に自ら働きかけ，意欲や自信をもって学ぼうとしたり，生活を豊かにしたりしようとしている。

　このように，文部科学省が示している生活科における「知識・技能」，「思考・判断・表現」，「主体的に学習に取り組む態度」の観点における趣旨は，上記の目標にある (1)，(2)，(3) の語尾を少し替えただけのものになっている。その理由は，目標を達成するための指導と評価が一体となる必要があるからである。

続いて，生活科の各内容の評価規準例を示すが，1，2年生を通じた生活科全体の目標と「生活科の評価の観点及びその趣旨」の関係が上記の様であるのと同じく，生活科における各内容とその評価規準例もほぼ同じ文言となる。例えば，学習指導要領に明示された「内容（1）学校と生活」の内容は，ほとんどそのまま評価規準例となっている。

内容（1）
　学校生活に関わる活動を通して，①学校の施設の様子や学校生活を支えている人々や友達，通学路の様子やその安全を守っている人々などについて考えることができ，②学校での生活は様々な人や施設と関わっていることが分かり，③楽しく安心して遊びや生活をしたり，安全な登下校をしたりしようとする。
（強調，番号は筆者）

　上記のように，「内容（1）学校と生活」の内容の記述に波線と番号を付けた。波線部は，内容（1）における具体的な活動や体験を表す部分である。下線部①は，内容（1）の「思考力・判断力・表現力等の基礎」に関する部分である。下線部②はその「知識及び技能の基礎」に関する部分である。下線部③は「学びに向かう力，人間性等」に関する部分である。
　これらを踏まえ，評価規準を作成すると以下のようになる。

【「内容（1）学校と生活」の評価規準例】（強調，番号は筆者）

知識・技能	思考力・判断力・表現力	主体的に学習に取り組む態度
学校生活に関わる活動を通して，②学校での生活は様々な人や施設と関わっていることが分かっている。	学校生活に関わる活動を通して，①学校の施設の様子や学校生活を支えている人々や友達，通学路の様子やその安全を守っている人々などについて考えている。	学校生活に関わる活動を通して，③楽しく安心して遊びや生活をしたり，安全な登下校をしたりしようとしている。

　このように，内容（1）の文言における②「知識及び技能の基礎」，①「思考

力・判断力・表現力等の基礎」，③「学びに向かう力，人間性等」の部分の語尾を少し替えることによって，内容（1）の評価規準を作成することができる。この手順によって，内容（1）だけでなく，九つの内容全ての評価規準例を作成することができる。

　ここからは，参考資料に記載されている単元名「いきもの　大すき」の学習評価事例を示し，授業者による実際の実践における学習評価の方法を例示していく。

　まず授業者は，実践しようとする単元が生活科の九つの内容のどれに関わるものかを考慮し，関わる内容に基づいて単元目標を作成する。例えば，「いきもの　大すき」の単元は内容（7）に関するものである。

内容（7）
　動物を飼ったり植物を育てたりする活動を通して，①それらの育つ場所，変化や成長の様子に関心をもって働きかけることができ，②それらは生命をもっていることや成長していることに気付くとともに，③生き物への親しみをもち，大切にしようとする。

　また，本単元はモルモット飼育の実践である。それを勘案すると，参考資料に提示されるような下記の単元目標ができる。

【単元目標】
　モルモットを飼育する活動を通して，①モルモットの変化や成長の様子に関心をもって働きかけることができ，②モルモットに合った世話の仕方があることや生命をもっていることや成長していることに気付き，③モルモットへの親しみをもち，生き物を大切にすることができるようにする。

　続いて，授業者は単元目標に示された資質・能力を踏まえ，単元の評価規準を作成していく。

知識及び技能の基礎	思考力・判断力・表現力の基礎	主体的に学習に取り組む態度
モルモットを飼育する活動を通して，②モルモットに合った世話の仕方があることや生命をもっていることや成長していることに気付いている。	モルモットを飼育する活動を通して，①モルモットの変化や成長の様子に関心をもって働きかけている。	モルモットを飼育する活動を通して，③モルモットへの親しみをもち，生き物を大切にしようとしている。

　このように，単元の評価規準は，単元の目標における文言をほとんどそのまま使用する結果となる。

　続いて，具体的な内容のまとまりごとの評価規準を作成していく。その作成について参考資料においては，解説書の第3章第2節「生活科の内容」に示された資質・能力に関する記述を確認しながら行っている。例えば，内容（7）に関する記述は解説書の43頁から46頁に記載されているので，その部分を確認しながら具体的な内容のまとまりごとの評価規準が以下のように作成されている。

知識・技能	思考・判断・表現	主体的に学習に取り組む態度
・動植物の特徴，育つ場所，変化や成長の様子に気付いている。 ・育てている動植物に合った世話の・・・（以下省略）	・動植物の特徴などを意識しながら，育ててみたい動植物を選んだり決めたりしている。（以下省略）	・よりよい成長を願って，繰り返し関わろうとしている。 ・動植物の特徴，育つ場所，変化や…（以下省略）

　この具体的な内容のまとまりごとの評価規準を参考にして，授業者は次頁で示すような小単元の評価規準を作成することとなる。

		知識・技能	思考・判断・表現	主体的に学習に取り組む態度
小単元における評価規準	1	①モルモットの特徴, 変化や成長の様子に気付いている。		①元気に育てたい, 仲良くなりたいという思いや願いをもって, モルモットに関わろうとしている。
	2	②モルモットも自分たちと同じように生命をもっていること, 成長すること, モルモットに合った世話の仕方があることに気付いている。 ③モルモットを適切な仕方で世話をしている。	①モルモットの変化や成長の様子に着目したり, モルモットの立場に立って関わり方を見直したりしながら, 世話をしている。	②モルモットに心を寄せ, モルモットの様子に合わせて, 繰り返し関わろうとしている。
	3	④モルモットへの親しみが増し, 上手に世話ができるようになったことに気付いている。	②モルモットとの関わりを振り返りながら, 世話をして気付いたことやモルモットへの思い, 自分自身の成長を表現している。	③モルモットとの関わりが増したことに自信をもち, 関わり続けようとしている。

　続いて,「指導と評価の計画」を作成することになる。実際に授業者が生活科実践の授業構想を練り始めるとき, この「指導と評価の計画」から着手することも多い。なぜなら, 子供たちの「思いや願いを実現する」学習過程を構想するに当たり, 子供たちが実際的にどのような活動に興味があるのかをまず具体的に考える必要があるからである。その場合, 上記の手順が「指導と評価の計画」作成と前後するか, もしくは同時進行になってもよいだろう。以下に本事例の「指導と評価の計画」を記載する。

小単元名(時間)	学習活動	評価規準	評価方法
1 見てさわってなかよし大さくせん(4)	・3年生からモルモット飼育を依頼され，話し合う。 ・獣医師から，モルモットについての話を聞き，モルモットと関わる上で，気を付けなければならないことを知る。	態①	・行動観察や発言分析，観察カードの分析
	・モルモットに触れたり，えさを与えたり，一緒に遊んだりしながら，モルモットを観察する。	知①	・観察カードの分析，発言分析
2 お世話でなかよし大さくせん(7)	・モルモットの飼育環境やえさ，世話の仕方などを調べる。	知②	・発言分析，調べ活動のメモの分析
	・モルモットの様子に合わせて，世話の仕方を工夫する。	思①	・行動観察，発言分析，モルモット日誌の分析
		知③	・行動観察やモルモットの世話の記録の分析，発言分析
	・モルモットを飼育して，気付いたことや感じたことを絵や文で表現したり，友達に伝えたりする。	知①	・観察カード及び短冊カードの分析，発言分析
		態②	・行動観察や観察カードの分析，発言分析
3 ぼく・わたしとモルモット(5)	・これまでのモルモットの飼育活動を振り返る。	知④	・作品(モルモットの本)や発言分析
	・世話をして気付いたことやモルモットへの思い，自分自身の成長を，モルモットの本に表現する。	態③	・作品(モルモットの本)や発言分析，行動観察
		思②	・作品(モルモットの本)や発言分析

　本小単元例において，「知識・技能」の評価規準が四つ，「思考・判断・表現」の評価規準が二つ，「主体的に学習に取り組む態度」の評価規準が三つ挙げられている。授業者は，3観点それぞれで挙げられたいくつかの評価規準を勘案し，「観点別学習状況の評価」を総括していくこととなる。設定した評価規準には，それに適う姿を見取るための評価方法がそれぞれ記されている。この評価方法が多様で工夫されたものであるほど，「観点別学習状況の評価」の質が高まる。

　ここまで，生活科単元の学習評価の作成事例を例示してきた。以下においては，作成された学習評価によって授業者が見取った子供の姿を例示する。

(2) 授業者が見取った子供の姿と評価

　C児は，当番としてメル（クラスで飼っているモルモットの名前）の世話を
しているときに，「足の裏が少し赤い」というこれまでとは違うメルの変化に気
付いた。また，体重が1020gで他のモルモットよりも重いことから，「体重が
重くて，足が痛いのかな」と考えた。そこでC児が学級のみんなに報告して話
し合い，メルのストレスにならないくらいに運動させることになった。

　メルのダイエットに取り組むことになり，始めはケージの掃除をしている間
にメルを走らせようとしたが，時間が短く，メルが動こうとしなかったり，か
くれてしまったりしたため上手くいかなかった。そこで，C児がみんなに，メ
ルが動き回れる場所を広くするために，段ボールで柵を作り，毎日一定時間を
その柵の中で過ごせるようにしてはどうか，と提案した。みんなで話し合い，獣
医さんからのアドバイスも基にして考えた結果，C児の提案した方法を含めた
三つの方法でメルのダイエットを試みることになった。C児は，近所のスーパー
マーケットで段ボールをもらってきたり，段ボールの柵づくりでは率先して声
を掛けたりしながら，友達と協力して柵を作り上げた。それから，毎日午前中
に，メルをダンボールの柵の中で過ごさせるようにした。やがて，メルの体重
は1000gを切り，足の裏の赤みも改善した。

　このように，C児はメルの足の裏や体重の変化に気付き，さらにその改善の
ために飼育環境を工夫していることから，授業者はC児の思考・判断・表現①
の評価規準に対して「十分満足できる」状況（A）であると判断した。

　授業者はC児の思考・判断・表現に関して高く評価した一方，A児に対して
は，観察カードに「さわれてうれしかった。ふわふわだった。」「えさを食べて
くれてうれしかった。」とモルモットと触れ合った感想を記述するのみであるこ
とを気にかけていた。なぜなら授業者は評価規準として「モルモットの特徴，
変化や成長の様子に気付いている」（知識・技能①）という項目を設定していた
が，A児がその規準に到達していないと見取ったからである。そこで授業者は，
A児がメルと関わっているときに，「例えば，犬とメルではどんなところが違う
のかな。」と問いかけ，A児のメルへの気付きを言葉で引き出したり，価値付け
たりするようにした。A児は，教師の問いかけに答えながら，「体が小さい。子

猫ぐらいの大きさ。」「足が短い。」「しっぽがない。」など，メルの身体的特徴に気付き始めたという。このように，授業者が評価の観点を明確にしておくことで，A児の気付きの質を高めることができたのである。その結果，A時は当初よりも様々な視点からメルの特徴に気付くことができるようになり，「努力を要する」状況（C）から「おおむね満足できる」状況（B）へと変容した。

　以上のように，授業者が評価規準を明示することにより，その視点に準拠して子供たちの学びを見取ったり，子供たちの課題点を見取り，改善する手立てを講じたりすることができるようになるのである。

Ⅲ　生活科における知性，社会性，情動の評価

　ここからは，生活科において知性と社会性と情動を育むための学習評価について検討する。前節において，生活科単元における「観点別学習状況の評価」につながる評価規準の作成と実践の事例を例示した。ただ先述したように，「観点別学習状況の評価」のみでは子供の全ての学びの姿を見取ることはできない。知性，社会性，情動を育むに当たって，「観点別学習状況の評価」では評価しきれない部分は，「個人内評価」をすることになる。しかし，「個人内評価」をするにしても，評価するための視点がなければ難しい。よって本節では，知性，社会性，情動を育むに当たって，どの要素が「観点別学習状況の評価」において評価することが可能であり，どの要素が「個人内評価」で見取る必要がある部分なのかを検討し，「個人内評価」で見取る必要がある部分については，評価の視点を例示したい。尚，知性，社会性，情動の定義については，第2章で取り上げたプロジェクト・アプローチの文脈における定義を使用する。

(1) 知性に関わる検討
　第2章で先述したように，問題解決に向けて思考したり推論したり，観察したり調査したりする心的傾向は，知性を発達させるものだと捉えることができる。このように知性を捉えると，知性は生活科によって育成が目指される資質・

能力である「思考力・判断力・表現力の基礎」との親和性が高いといえる。生活科において育成が目指される「思考力，判断力，表現力等の基礎」は，「身近な人々，社会及び自然を自分との関わりで捉え，自分自身や自分の生活について考え，表現することができるようにする」である。よって，「観点別学習状況の評価」もそれに準じるものになる。解説書によると，この「自分自身や自分の生活について考え，表現する」という目標には，子供たちが「思いや願いの実現に向けて活動する中で，具体的に考えたり表現したりすることやそれを繰り返すことによって，自分自身や自分の生活について考え，表現することができるようになる」[9]趣旨が内包されている。このように，「思考力，判断力，表現力の基礎」は，思いや願いの実現（問題解決）に向けて思考活動を繰り返す中で育成されるものである。一方，知性についても，思いや願いの実現（問題解決）の連続の中で，思考したり推論したり，観察したり調査したりする心的傾向が育まれることを通して発達する。したがって，「思考力，判断力，表現力の基礎」の育成は，知性の発達を促進させ得るものだといえるだろう。

　「思考力，判断力，表現力の基礎」の評価が知性の発達の促進を見取るものになるためには，その評価が，単に子供の思考や判断，表現を見取るだけのものではなく，思いや願いの実現（問題解決）の過程を見取るものである必要がある。例えば，「内容（7）動植物の飼育・栽培」における「思考・判断・表現」の「内容のまとまりごとの評価規準」は，「動物を飼ったり植物を育てたりする活動を通して，それらの育つ場所，変化や成長の様子に関心をもって働きかけている」である。この動植物の育つ場所，変化や成長の様子に働きかける子供の姿が，思いや願いを叶える問題解決の連続の過程の中に見られることが重要である。先述の「いきもの　大すき」の単元では，「思考・判断・表現①」として「モルモットの変化や成長の様子に着目したり，モルモットの立場に立って関わり方を見直しながら，世話をしている」という評価規準が立てられ，授業者がその規準に基づいてＣ児を評価した。「関わり方を見直す」ことは，問題解決の過程の中に含まれるものだといえるだろう。よって，この評価規準は，子供たちの思いや願いの実現（問題解決）の過程を見取ることができるものだといえる。Ｃ児は思考し，推論しながら問題解決を試みた。そして，メルのダ

イエットが成功してその健康が改善した。このことはC児の知性をより発達させる機会だったと捉え直すことができる。生活科において知性の涵養を目指すのであれば、「思考・判断・表現」の評価が、子供たちの思いや願いを叶える問題解決の連続の過程を見取るものであることが大切になるだろう。

(2) 社会性，情動に関わる検討

第2章でも論じたように、社会的情動的発達において、カッツは他者との相互作用の中で子供たちの社会的コンピテンスの感覚を発達させることを重要視している。社会的コンピテンスの内容としては⒜「情動の調整」，⒝「社会的な知識・理解」，⒞「社会的スキル」，⒟「社会的な心的傾向」が挙げられる。*Fostering Children's Social Competence: The Teacher's Role* の巻末には、カッツによって子供たちの社会的コンピテンスを観察する視点が提示されている（表1）。

表1　子供たちの社会的コンピテンスを観察する[10]

---

(1) 個々の態度から観察する

①その子供は通常，前向きな雰囲気をもっている。（⒜,⒞,⒟）

②その子供は，過度に教師に依存していない。（⒟）

③その子供は通常，進んでそのプログラムやその状況に意識を戻せる。（⒜,⒟）

④その子供は通常，適切に拒否や反対を伴う対処をする。（⒝,⒞,⒟）

⑤その子供は，他者に共感することができる。（⒜,⒝,⒟）

⑥その子供は，一人もしくは二人の仲間との肯定的な人間関係をもつ。もしその仲間が欠席などをした時にかれらを心配するなどの，実際的にかれらのことを思いやる態度を見せる。（⒜,⒝,⒟）

(2) 社会的スキルを観察する

①その子供は通常，他者に積極的に接近する。（⒞,⒟）

②その子供は通常，望みや好みを明確に表現し，自身の行為や見解の理由を提供する。（⒝,⒞）

③その子供は通常，自身の正しさや必要性を適切に主張する。（⒝,⒞）

④その子供は通常，いじめっ子たちに簡単に怖気づかない。フラストレーションや怒りを効果的に，そして他者を害することなく表現する。（⒜,⒝,⒞,⒟）

---

⑤その子供は通常，遊びや作業において進行中のグループに参入する。(ⓑ,ⓒ,ⓓ)
⑥その子供は通常，継続中の議論に参入し，継続中の活動に重要な貢献をする。(ⓑ,ⓒ,ⓓ)
⑦その子供は通常，当然のように公平な態度へと向かう。(ⓐ,ⓑ,ⓒ,ⓓ)
⑧その子供は通常，他者に興味を示す。他者と情報交換し，他者から適切な形で情報を求める。(ⓑ,ⓒ,ⓓ)
⑨その子供は通常，他者と適切に交渉し，適切に折り合いをつける。(ⓐ,ⓑ,ⓒ,ⓓ)
⑩その子供は通常，自身への不相応な注目を集めようとしない，もしくは他者の遊びや作業を邪魔しない。(ⓐ,ⓑ,ⓒ,ⓓ)
⑪その子供は通常，自身の民族集団以外の仲間や大人を受け入れ，楽しむ。(ⓑ,ⓒ,ⓓ)
⑫その子供は通常，笑顔や手振り，頷き，そして他の適切なジェスチャーを用いて他の子供たちと非言語的相互作用をする。(ⓑ,ⓒ,ⓓ)

(3) 仲間関係から観察する
①その子供は通常，他の子供たちから無視されたり拒否されたりするよりもむしろ，受け入れられる。
②その子供は時々，他の子供たちが参加する遊びや友好関係の類，そして作業に誘われる。

　これらそれぞれの視点の文末に記したアルファベット記号は筆者によるもので，それぞれの視点で社会的コンピテンスの四つの内容のどれを見取ることが可能かを示したものである。その結果から，これらの視点は社会的コンピテンスの四つの内容の感覚を発達させるために有意な視点であるといえる。尚，「(3) 仲間関係から観察する」の項目に関しては，重要な視点だと考えるが，当該児童からではない間接的な見取りになり，より推測的な判断となるために，アルファベット記号を付さなかった。

　生活科においては，身近な人々やその人たちと自分自身との関わりに気付くことが求められたり，他者と伝え合う表現活動が大切にされたりするなど，社会的コンピテンスを評価することができるような仲間同士の相互作用が奨励されている。よって，生活科実践の中では社会的コンピテンスが効果的に育まれることが可能だといえる。ただ，生活科の「観点別学習状況の評価」においては，社会的コンピテンスにかかわる評価，すなわち社会性や情動に関わる評価をすることが看過される懸念がある。「内容（6）自然や物を使った遊び」の

「主体的に学習に取り組む態度」における「観点別学習状況の評価」は,「みんなと楽しみながら遊びを作り出そうとする」[11]意味合いの項目になるため,社会的コンピテンスの感覚の発達に寄与することが可能となるが,それ以外の内容において,仲間同士の関わり合いを評価する項目がない現状がある。よって,生活科において社会性や情動を評価するのであれば,例えば上述した社会的コンピテンスを観察する視点をもって子供たちを見取り,よりよい方向づけを行うことができるような「個人内評価」が必要となってくるだろう。

Ⅳ プロジェクト・アプローチの ドキュメンテーションによる学習評価

ここまで,新学習指導要領において求められる学習評価の在り方や生活科実践による学習評価の事例について概説し,生活科における知性,社会性,情動に関する評価の在り方について検討してきた。以下においては,知性と社会性や情動の感覚の発達を重視するプロジェクト・アプローチの評価方法であるドキュメンテーションについて紹介し,生活科における知性,社会性,情動を育む評価方法を考える一つの題材としたい。

解説書においては,教師による評価を「質的な面」においてより信頼性の高いものにするために,以下のような評価方法の在り方が示されている。「教師による行動観察や作品・発言分析等のほかに,児童自身による自己評価や児童相互の評価,さらにはゲストティーチャーや学習をサポートする人,家庭や地域の人々からの情報など,様々な立場からの評価資料を収集することで,児童の姿を多面的に評価することが可能となる。このような評価資料によって個々の児童の学習の状況に即した指導が可能となる。」[12]このような評価資料の収集を可能にするものがプロジェクト・アプローチのドキュメンテーションだといえる。

(1) プロジェクト・アプローチにおけるドキュメンテーションの概要[13]

プロジェクト・アプローチにおけるプロジェクトは,通常三つの段階に区切られて展開されている。また,その三つの段階全てにおいて,「議論」

(discussion)，「フィールドワーク」(field work)，「表現」(representation)，「調査」(investigation)，「展示」(display) といった構造的特徴を有する。この五つの構造的特徴の中の「展示」こそがドキュメンテーションの重要な側面の一つといわれている。展示物ではなく，個々による描画などの所持物もドキュメンテーションに含まれるが，*Engaging* 第3版においては，主に展示されたドキュメンテーションの価値について論述されている。なぜなら展示は，授業者と子供たちだけでなく，他の教職員や保護者，社会の人々においてもそのプロジェクトの情報を共有することができるものだからである。

　プロジェクト・アプローチにおけるドキュメンテーションには通常，子供が経験したことや子供が理解したことについての証拠の展示と，子供たちがプロジェクトへの没頭過程に関与する活動の記録・成果物などが含まれる。ドキュメンテーションの中でも，子供たちが展示物をつくることがプロジェクトの重要な局面として位置付けられているのは，その展示物には子供の経験や知識，疑問点や調査結果，思いなどが反映されるからである。つくられた展示物は，教室の掲示板，壁面，棚，準備されたテーブルなどに展示される。それらから授業者だけでなく，同僚教師や保護者などと子供の学びの姿を共有することができると同時に，展示物を介して子供同士が有意義に議論する場が提供される。また，授業者はこの「展示」の局面のための時間を多く設けることにより，子供たちが展示物に含めようとしている経験や知識，疑問点や調査結果，思いなどについて触れることができ，展示物をつくるに当たっての適切なアドバイスもすることができる。

写真1：ドキュメンテーションの展示の例 [14)]

(2) ドキュメンテーションの事例検討[15)]

　以下において，ドキュメンテーションの実践事例をもとに，プロジェクト・アプローチの各段階におけるドキュメンテーションを例示する。実践事例は第2章でも事例を提示したパメラ・モアハウス（通称パム教諭）のルーム4(5歳児と1年生の混合クラス）における，ピザ屋さんについてのトピック探究の実践である。その後，本実践のドキュメンテーションにより，子供たちの知性，社会性，情動をどのように評価することが可能であるかについて検討する。

【第1段階】

　プロジェクトの第1段階において，授業者と子供たちは，自分たちが追究していくトピックについて知っていることと知らないことを共有し，その中で調査課題を焦点化していく。

　例えば，ピザ屋さんのプロジェクトにおいても，⑦子供たちはピザ屋さんについて知っていることや経験したことについて思い出して描画し，その絵に説明文を付け加えた。その描画は子供たちの記録集として教室の掲示スペースに展示された。その活動を受けて，子供たちは次に，ピザ屋さんについて知っていることを情報共有し，パム教諭はそれを大きな紙に箇条書きして掲示した（写真2）。この活動において，具体的な絵と説明があることによって，子供たちはお互いのもっている知識や経験に興味を示すことができ，子供同士で適切に情報交換する機会となった。

　また，子供たちは個々で，あるいは仲間とともに何週間も情報を収集し，⑦得られた情報は「ルーム4ニュースレター」にまとめられた。プロジェクトの第1段階における活動を通して，ピザ屋さんについて知りたいことを具体的にし，その思いを高めてきた子供たちに対して，パム教諭は「ピザ屋さんについて知りたいこと」をリスト化する提案をした。子供たちがピザ屋さんについて知りたいことを出し合った後，パム教諭はそれらの質問を大きな紙に書いて教室に展示した。その展示物に基づき，子供たちはその次の日に，質問の答えを予想する活動に没頭したという。

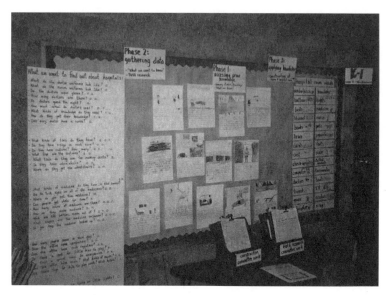

写真2 ルーム4のドキュメンテーションの一部

【第2段階】

　プロジェクトの第2段階において子供たちは，クラスで計画を立てて現地調査に赴く。ピザ屋さんのプロジェクトにおいても，子供たちはパム教諭の支援を伴って質問リストを分類し，結果として1グループにつき3, 4人から成る機械委員会，店員さん委員会，家具・壁面委員会，食べ物委員会，メニュー委員会に分かれて活動することとなった。子供たちは，興奮を抑えながら地元のピザ屋さんに出かけた。ピザ屋さんに到着した子供たちは，丁寧にデータを集め始めた。㋡ある子供は，コンベア式のピザオーブンを詳細にスケッチした（写真3）。別の子供は，ピザを作る順番を描画で示した（写真4）。また別の子供たちは，店内のテーブルの形や数を図示したり，ピザを焼くのに要する時間やピ

写真3 オーブンの描画

ザの生地に含まれる原料を記録した
り，ブレッドスティックの大きさを
記録したりした。子供たちは，パム
教諭が作成したグラフィック・オー
ガナイザーシートを使い慣れていた
ので，このような多様な活動をする
ことができたという。子供たちは，
教室に戻った後，現地調査で描いた
これらの描画をもとに，お互いの発
見を熱心に共有した。

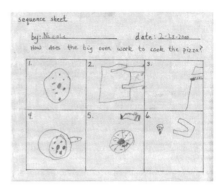

写真 4 ピザ作りの順番の描画

【第3段階】

　第3段階の主な目的は，プロジェクトを完了させ，学んできたことを要約す
ることである。この段階において子供たちは，学んできたことを壁面掲示，音
楽，ダンス，本作りなどにして表現し，振り返る。ルーム4の子供たちは教室
の隅にピザ屋さんを再現し，家族や学校長を招いた。㋓そのピザ屋さんのオー
ブンはコンベア式のピザオーブンが再現されたものであり，ダンボールの両端
が実物同様に切られ，ピザが取り出されやすいようにローラーが取り付けられ
たものだった。また，鮮やかに装飾されたメニューボードには，様々なピザや
飲み物の価格が詳しく書かれていた。㋔招かれた家族や学校長はリボンカット
のセレモニーとルーム4ピザ屋さんの歴史についての説明を楽しんだ。

　以上，パム教諭とルーム4の子供たちによるピザ屋さんのプロジェクト事例
の中のドキュメンテーションに関わる部分を抜粋して提示した。ここからは，
本実践のドキュメンテーションにおいて，知性，社会性，情動に関わる評価が
どのように可能だったのかについて検討していきたい。また，ドキュメンテー
ションはそれを介して子供同士が有意義に協同する機会を促進するものであり，
その協同的な雰囲気が，子供たちの社会性や情動に影響を与える（第2章参照）。
そのようなドキュメンテーションの役割についても併せて明らかにしたい。

下線部アのように，プロジェクトの第1段階において子供たちは，ピザ屋さんについて知っていることや経験したことを共有した。ここで子供たちの協同を促進させたドキュメンテーションは，子供たち一人ひとりの描画であり，大きな紙1枚に子供たちの情報を整理したパム教諭の支援だった。幼い子供たちは，言葉だけで経験を語ったりその経験を聞いたりすることは難しい。ただ，描画の機会があったことにより，子供たちは経験をじっくり思い出して描くことができたし，また具体物をもとに情報共有が可能となったのである。そして，その情報共有の機会として機能したのが，パム教諭による1枚の紙に情報をまとめる支援だった。この一連の活動から，表1の社会的コンピテンスを観察する視点の多くを見取ることが可能である。例えば，「(1)⑤その子供は他者に共感することができる。」，「(2)⑧その子供は通常，他者に興味を示す。他者と情報交換し，他者から適切な形で情報を求める。」の他，(1)③，(2)②，(2)⑤などの子供の姿を評価することが可能だろう。尚，子供たちの描画はクラスブックとなり掲示され，その活動がプロジェクト関与者以外の多くの人とも情報共有されることになったという。

　プロジェクトの第2段階においてピザ屋さんを訪問したときに，子供たちはパム教諭が作成したグラフィック・オーガナイザーシートを活用して，ピザオーブンを詳細にスケッチしたり，ピザを作る順番を描いたりした（下線部ウ）。これらの描画は下線部アの場面と同様に，後々の子供たち同士や多くの大人との情報共有に役立ったが，加えて，それぞれの委員の仕事に貢献する経験にもなった。例えばピザオーブンを詳細に描写した子供は，プロジェクトの第3段階におけるピザオーブン作りに大いに貢献したことが推測できる。このような経験は，問題解決に向けて，観察したり調査したりする心的傾向，すなわち知性の感覚を発達させるものだといえる。下線部イやエは，協同での新聞作りやものづくりであり，その活動に没頭しているほど，子供たちは表1で示されているような姿を多く見せることになる。例えば子供たちは，それぞれ強い思いをもちながらも，一つのものを完成させるために，「(2)⑨その子供は通常，他者と交渉し，適切に折り合いをつける。」ような姿を見せることになるだろう。

　プロジェクトの第3段階において，家族や学校長を含む多くの人々とピザ屋

さんのプロジェクトの成功を分かち合った。この肯定的な経験は、思いや願いを叶える問題解決的な活動を行う心的傾向を促進させ、知性の発達に貢献する可能性を有する。また加えて、「動機の根底にある基盤を形成し、問題解決を引き起こし、様々な形態や状況への参加を刺激する」と定義される情動を肯定的な方向へ調整することにもつながっただろう。

おわりに

　以上本章では、新学習指導要領において必要とされる学習評価はどのようなものか、生活科における学習評価はどのように行っていけばよいかについて概観した後、生活科において知性、社会性、情動性をどのように評価すればよいかについて検討した。そして最後に、プロジェクト・アプローチにおけるドキュメンテーションによる知性、社会性、情動に関する評価について論述した。

　まず生活科実践を行うに当たって、学習指導要領が目指す資質・能力の育成に貢献する指導と評価の計画を作成し、実施することは大切なことである。一方で、社会性や情動を評価するに当たっては、「観点別学習状況の評価」のみではなく、さらなる評価の視点を備える必要があることにも留意したい。本章で紹介したドキュメンテーションは、生活科において子供たちの知性、社会性、情動の感覚を発達させる評価を行うための参考となる評価方法であるといえる。生活科実践とドキュメンテーションとの親和性について検討していくのは今後の課題となるが、知性、社会性、情動を育む生活科実践における指導と評価を行うに当たり、本章で紹介したドキュメンテーションを援用することは、一つの有意な方法であると考える。

（西野雄一郎）

【注】

1）中央教育審議会『幼稚園、小学校、中学校、高等学校及び特別支援学校の学習指導要領等の改善及び必要な方策等について（答申）』2016 年、60 頁。
　https://www.mext.go.jp/b_menu/shingi/chukyo/chukyo0/toushin/__icsFiles/afieldfile/2017/01/10/1380902_0.pdf　（2022 年 5 月 31 日確認）

2) 中央教育審議会初等中等教育分科会教育課程部会『児童生徒の学習評価の在り方について（報告）』2019 年，3 頁。
https://www.mext.go.jp/component/b_menu/shingi/toushin/__icsFiles/afieldfile/2019/04/17/1415602_1_1_1.pdf （2022 年 5 月 31 日確認）

3) 同上書，4〜5 頁。

4) 中央教育審議会，上掲書，20〜21 頁。

5) 国立教育政策研究所教育課程研究センター『「指導と評価の一体化」のための学習評価に関する参考資料　小学校生活』東洋館出版社，2020 年，6 頁。

6) 中央教育審議会，上掲資料，61 頁。

7) 中央教育審議会初等中等教育分科会教育課程部会，上掲書，6 頁。

8) 国立教育政策研究所教育課程研究センター，上掲書，25〜50 頁。

9) 文部科学省『小学校学習指導要領（平成 29 年告示）解説　生活編』東洋館出版社，2017 年，15 頁。

10) Lilian G. Katz and Diane E. McClellan., *Fostering Children's Social Competence: The Teacher's Role*, Washington, D. C.: National Association for the Education of Young Children, 1997, p. 106.

11) 文部科学省，上掲書，41 頁。

12) 同上書，92 頁。

13) Lilian G. Katz, Sylvia C. Chard & Yvonne Kogan, *Engaging Children's Minds: The Project Approach*, Third Edition, Santa Barbara, California: Praeger, 2014, pp. 203–210.

14) Sylvia Chard, Yvonne Kogan & Carmen Castillo, *Picturing the Project Approach: Creative Explorations in Early Learning,* Gryphon House, 2017, p5.

15) Suzanne L. Krogh and Pamela Morehouse., *The Early Childhood Curriculum Inquiry Learning Through Integration*, 2nd Edition, New York and London: Routledge Taylor & Francis Group, 2014, pp.109–116.
本実践事例は下記拙稿においても紹介されているが，本章において事例のドキュメンテーションに関わる部分に焦点化して加筆修正した。
西野雄一郎「アメリカにおける幼児期から低学年期の探究型学習についての 研究」『愛知教育大学研究報告（教育科学編）』第 69 輯、愛知教育大学，2020 年，9〜17 頁。

7章 生活科を軸とする知的探究と社会的，情動的な学習との統合

はじめに

　本章では，目的をもって他者と共に課題解決に向かう姿が実現している実践事例について非認知的能力に関する指導及び評価の場面を分析・検討する。事例として取り上げるのは，奈良女子大学附属小学校2年生で，非認知的能力が育成されているとみられる記録である。上記の例について，生活科に引き寄せて考察する。

　非認知的能力育成に関する先行研究として社会性と情動の学習（Social and Emotional Learning：以下 SEL とする）に依拠する。小泉令三（2011）によれば SEL は「自己の捉え方と他者との関わり方を基礎とした，社会性（対人関係）に関するスキル，態度，価値観を身につける学習」と定義される[1]。

　中野真志（2022）は，「学術的，社会的，情動的な学習の協働」Collaborative for Academic, Social, and Emotional Learning（CASEL）の活動に着目し，「CASEL の輪」という理論的枠組みを紹介している[2]。「CASEL の輪」の中心には SEL が目指す五つの相互関係的なコンピテンス領域（自己への気付き，自己管理，責任ある意思決定，関係性のスキル，社会的な気付き）が位置付いている。研究者により，五つのコンピテンスの訳語が異なる[3]が，本章では中野の訳語に従い，便宜的に以下のように記号を付す。

CASEL 5	
A. 自己への気付き B. 自己管理 C. 責任ある意思決定	D. 関係性のスキル E. 社会的な気付き

　小泉令三は「SEL-8S 学習プログラム[4]を"名人芸"的に実践している教師[5]」が存在すると述べた。しかし，彼らは社会性と情動の教育のみを意図している

わけではない。本章は，CASEL 5を参考にしつつ，生活科を中心に"名人芸"の解明を試みる。

I 奈良女子大学附属小学校について

　奈良女子大学附属小学校（以後，奈良女附小と表記）の教育理念は大正期に木下竹次が主張した学習法が根幹となっている。木下は「学習は学習者が生活から出発して生活によって生活の向上を図るもの」[6]とし，出発点を教科ではなく生活におく。つまり，教科を中心とするカリキュラムとは，構成原理を異にしていると言える。

　中野光によれば木下竹次は「学習法」「合科学習」の理論を構築し，「優れた訓導達を指導してこれを実践に移し，戦前におけるわが国教育改造運動の中心的人物として活躍」[7]した人物である。さらに，中野は次の二つの理由により木下は大正新教育運動をになった指導者のうちでは「もっとも重要な役割を果たし，その影響力もきわめて大きかった」[8]としている。第一の理由は，木下の活躍した期間が大正新教育運動のピークの時代から太平洋戦争の直前にまで及んでいること。そして第二の理由には，彼の理論が常に実践と結合しながら教育現象のほとんどすべてにわたってしかも体系的であったことを挙げている。

　学習法は大正から昭和の初めにかけて教育界において一世を風靡した。全国の学校から参観者が殺到し，奈良の地名を冠して「奈良の学習法」と称された。梅根悟は「奈良の学習法」について「教育の基本的な考え方についても，内容についても，指導技術についても細いところまで行きとどき，実践のうらづけがあつて，大正期新教育中で最もしっかりしたもの」[9]と述べている。

　戦後，重松鷹泰が主事として奈良女附小に着任し，当時の教官との協議の末，「しごと」「けいこ」「なかよし」の教育構造をもつ「奈良プラン」が構想され，現在に至っている。奈良女附小『わが校五十年の教育』によれば，奈良プランは，重松の「当校には長い伝統があり，尊い遺産がある。それを土台として，子どもたちを育てていく上の，急所を明らかにすることができるはず」[10]という目論見により，日々児童の自律的学習を指導している教官の議論を経て生み出

された。奈良プランでは，学校の教育形態が「しごと」「けいこ」「なかよし」の３部面に整理された。これは，戦前の合科学習（大合科・中合科・小合科）の形態を，児童の生活部面を念頭に学習指導の実態を踏まえて読み替えたものと考えられる。合科学習や特設学習時間の名称がなくなり，「しごと」「けいこ」「なかよし」に改められた。

現在でも奈良女附小では時間割に「しごと」「けいこ」「なかよし」と表記され，自発的に学ぶ児童の姿を求めて全国から参観者が訪れる。

Ⅱ 小学校低学年の事例
──奈良女子大学附属小学校第２学年──

1 本場面に至る経緯

2020年2月7日に開かれた学習研究発表会の朝の会と「しごと」学習「なるほど・ザ学園前」の記録[11]を素材とする。指導者は薄田太一教諭（2年担任）である。朝の会と「しごと」学習での教師と児童の事実から，何が指導され，どう育っているかを，CASEL 5を参考に分析することとしたい。すでに『学習研究』誌で当日の内容について薄田教諭による報告が発表されている[12]。以下，薄田教諭の報告をもとに本時の前後の様子を要約する。

薄田学級は，学園前駅の北口，南口の様子が違うことを問題として認識する児童が増え，「どうして学園前駅の北口と南口は，こんなに町の様子が違うのか」という問いが生まれた。児童は，店の数や車の数，バスの本数，改札口を利用する人数などを調べ，数字にこだわって北口と南口の違いを比べ，北口の方が賑やかだと言えることを確認する。ところが，学園前駅が開業した1942年には南口だけであり，北口は1960年にできた事実が分かったため，「どうして今は北口の方が賑やかになってきたのだろう」と考えるに至り，冬休みを迎えた。

冬休み期間中に児童は「(1) 50年の間に，北口はなぜこのように変わったのか。(2)(1)のような変化を，昔から住んでいる人はどう思っているのだろうか。(3) 北口と同様に，南口はどう変わったのだろうか。(4) 最初北口にあっ

た西部会館が南口に移転してきたことについて」を，お年寄りの方などにインタビューするなどして情報を集めた。

　冬休みが終わってから，集めた情報をもとに話し合いが重ねられた。「昔から住んでいる人は，今の町をどう思っているのだろうか」「今の学園前は便利になったけど，本当によいことなのか」「今の学園前の町は，住みよい町なのか」という問いについて話し合われた。本時は，「今の学園前の町は，住みよい町なのかⅡ」というテーマで話し合いが行われた。Ⅱは，同一のテーマでの２回目の話し合いという意味である。

　本時の話し合いの終盤の児童の発言，授業後の日記，翌日にも引き続き開催された研究発表会２日目の様子から，「教室を離れても学び続けるような，本気で学ぶ子ども」[13]の姿が薄田教諭によって描出される。どのように育てたら，「本気で学ぶ」のみならず，「教室を離れても学び続ける」児童になるのか。

2　記録の概要

　当日の朝の会の内容は，〔a；朝の歌〕〔b；朝の挨拶〕〔c；出席調べ〕〔d；みんなからのお伝え〕の四つである。このうち，〔d；みんなからのお伝え〕で交わされた発話量が最も多い。朝の会が１単位時間を費やして行われ，児童が多様で高度な内容を語る姿に多くの人が驚く。そして，薄田教諭の指導の言葉はさらに含蓄が深い。

　溜池善裕（2020）は，同じ事例を「お友達がいつ大事なことを言うか分からないからノートにメモを取る。気付いた問題は見通しをもって解決する。クラスの係の仕事にはみんなが関心を持つ。お友達のお知らせを生かして学習につなげる。」の４点に整理している[14]。溜池は「朝の会」でなされる学習指導に着目し，児童が学んだ内容を記述した。溜池は，本節の事例を含む１年間の観察と薄田教諭の記録した板書データから，朝の会における学習指導の具体的方法とその意義を論じた。溜池によれば４月当初は，主に学級委員（奈良女附小の職名は「なかよし委員」）からの諸連絡の際，発話の声量や適切な受け答え，質問の意義，理由や目的を伴う説明，メモを取ること等のスキルが機会を捉えて指導された。４月から５月にかけての朝の会では，その時々に児童が提供した

話題を軸に学習指導が行われるようになる。さらに6月になって，朝の会で「学習に関係することを出し合えば，今日やろうとしている学習の問題点があぶり出せることを教え（中略），独自学習の問題点を考える指導であると同時に（中略），その日の学習の見通しをつけられることを教える指導」[15]がなされたという。当日の記録によれば，児童は「みんなからのお伝え」と言っていた。この語感と溜池の記述にある「問題点があぶり出せる」という恣意に違和感が残る。この点についても，以下で考察していくこととしたい。

　本節は溜池とは異なり，児童から提供された話題によって整理を試みる。〔d；みんなからのお伝え〕は次の話題によって構成された。話題が提供された順に記号を付す。

---

　　d1；みんなからのお伝えを聞く準備について
　　d2；2時間目の公開学習「しごと」について
　　d3；飼育している亀のみどりちゃんについて
　　d4；野菜作りで使用した畑の手入れについて

　「d1；みんなからのお伝えを聞く準備について」は教師が児童に問いかけ，迫り，考えさせた。それ以外の話題は児童から提出された。「d2；2時間目の公開学習「しごと」について」が3人の児童から提出され，4人目の児童は「d3；飼育している亀のみどりちゃんについて」を提出しつつ発言内容にd2を含んでいた。5人目の児童も，「d4；野菜作りで使用した畑の手入れについて」を提出しつつ発言内容にd2を含んでいた。

　このように，d2だけはd3，d4の話題でのやり取りのなかであっても繰り返し「お伝え」として提出されており，〔d；みんなからのお伝え〕の基軸となっている。まず，d2についてCASEL5と関連している部分を下線で示しつつ，児童と教師の発言について考察する。

3 2時間目の公開学習「しごと」について

　d2 は以下のような児童の言葉によって続けて語られた。（傍線は筆者）

（①省略[16]）

② 昨日，「しごと」の「なるほど・ザ学園前」で，「今の町は便利になったの
　か」ということについて話し合うことが決まりました。だから昨日，家に
　帰って（中略）<u>インタビュー</u>して来ました。その事実から，また考えたこ
　とがあるので，あとで発表したいです。

③ 私も，「便利になったかどうか」じゃありませんが，<u>「住み良い町か」</u>とい
　うのも，便利に関係あると思って，インタビューしてみました。（中略）「住
　みよい」と「便利」は関係あるのかなと思いました。また，<u>人と人の関わ
　り</u>のことについてもインタビューしたので，そのことは「しごと」の時間
　に発表したいです。

---

　2 人とも _B<u>2 時間目の「しごと」学習でインタビューの結果が議論される見通
し</u>を前提に述べている。②の児童によればインタビューの目的は「今の町は便
利になったのか」という問題の検証である。③の児童は「住みよい町か」とイ
ンタビューし，さらに「人と人の関わり」についてもインタビューしたと言う。
③の児童は少しずつ視点を変え，複数の調査結果を重ねて考察できるように，
たった数時間で構想し，実行したのである。注意深い読者は，1 で示した本時
のテーマ「今の学園前の町は，住みよい町なのか②」と②，③の児童の発言内
容とが食い違っていることに気付いたはずである。このズレの意味は，今後の
考察で明らかとなる。

　2 人の発話から，行ったインタビューの相手や内容が異なっているとわかる。
このことからインタビューが一律に課された宿題でないことは明らかである。
_{BD}問題は共有されているが，解決方法は各自の創意工夫となっている。

　ここで，②③の _D児童の発話文型に注目してみる。両者とも，家庭での学習
内容を語り，「発表したいです」と締めくくった。2 人に続いて発話した④⑤の
児童は，それぞれ d3 と d4 の話題を提供したのだが，同時に d2 の話題に関し
ても同じ構造 _D<u>《家庭での学習内容＋発表の意思表明》</u>で語った。発表した 4

人のD児童にとって最も関心が高く，他者に受け止めてもらいたい内容が，「しごと」学習で検討すべき問題「今の町は便利になったのか」について，D自分はどのように取り組み，どういった角度で発表したいかという意思表明だったと考えられる。

　上記のように，②③の児童には，前日の「しごと」学習を学校外でも調査したり考察したりし続け，当日の授業時間内に自らの学習状況を発表したり，他者の発表を聞いたりして考えを深める態勢が見られる。この態勢は，目標達成のために，授業と授業時間外という異なる状況で，自分の行動を管理するコンピテンスである《B.自己管理》の表れと考えられる[17]。

　問題は共有されているが，解決方法は各自の創意工夫に委ねられているため，その説明には個人差が見られる。つまり，自分にしか語れない自らの行為をできる限りわかりやすく伝える必要に迫られる。その前提があってこそ，発話文型は便利な道具として機能する。②③の児童は，発話文型にとらわれている様子がみられない。このような児童の態勢は，効果的にコミュニケーションし，問題解決のために協働するコンピテンスである《D.関係性のスキル》が指導され，身についている状態であると言えよう。また，児童の授業外での学習内容は大人へのインタビューであり，他者への関心に開かれている。その上，朝の会では自らの行為のアウトラインのみを述べる。肝心な部分を授業で発表するという事前案内は，《D.関係性のスキル》が働いていると言える。

---

⑥　私も人と人とのかかわり合いや自然を壊すことなど考えて，調べて来ましたが，それは，今やってることと関係ありません…関係はあまりありません。だから調べて来たところから，みんなの考えを聞いて，そこからまた新しい考えを作りたいです。

T）気になりません？　どんなことなんやろう。（中略）何が関係ないんだろう。どんなこと考えたんだろうね。そんなことを判断できたんだね。どんなことを考えたの。それだけ言ってよ。こういうこと考えたけど，今は関係ないと思いますって，どんなこと？　ちょっと気になるなぁ。

---

　⑥の児童は，先の4人とは異なる文型で語った。「今やってることと関係あり

ません…関係はあまりありません」の言葉から逡巡が伺える。教師はこの不安定な言辞を聞き逃さず介入した。「今の町は便利になったのか」に直結しないかもしれない調査・考察を，教師はなぜ掘り下げたのか。

教師に問い返された児童は次のように語る。

> ⑥　自然を増やそうと，インタビューして「自然がなくなってさみしい」という意見が出ました。だから私は，自然を人の手で作れる，作るというか，少しでも増やせれば，その意見を言った人の意見，その人が「自然がなくなってさみしい」と言ったけれど，自然が増やすことによって嬉しいという考えになると思ったから，増やしたらいいという考えです。

⑥の児童はインタビューで聞いた「自然がなくなってさみしい」という声を受け止め，どうすればよいか考えて「自然を増やす」と発想した。「今やってること」から派生した問題を考えたのである。それゆえの迷いだった。

教師によって⑥の児童の迷いの言葉が引き出されたことから，この児童以外も昨日に合意された「今やってること」が，既に過去のものとなっている可能性があるとわかる。昨日の合意のまま，今日の2時間目の「しごと」学習が成立するかどうか，見極めなければならない。直後に，数名の児童が挙手によって発言を求める。発言の要点は次のとおりであった。

・自然を増やすのではなく，便利な町を目指す建物を建てないようにして総数を減らしていく。
・自然を増やすと同時に建物も減らす。
・自然が減ったかわりにビオトープを作る。

「今の町は便利になったのか」「住みよい町か」の検証を経て，住みよさを追い求めて便利になったのと引き換えに失われたこと（自然）が焦点化している。さらに，失われたことをどのように解決するかという新しい問題状況に移行している児童が少なくとも数名は存在するとわかる。

教師主導で問題を提示し，児童が教師に適応して振舞う授業と全く違う。薄田教諭は，見えない時空で進行中の児童の人数分もの種類の学習の進展状況を

「お伝え」での発言や日記等を頼りに把握または類推し，2時間目の「しごと」学習の指導構想を再構成しようとしている。

　開発によって便利になるはずが，自然が少なくなるという別の問題が発生する。「今の町は便利になったのか」「住みよい町か」という問題を考える過程で，町を評価する他の観点が掴み出され，混乱が生じている。30分後に公開学習を控えているはずなのに，この状況に薄田教諭は「そうすると今日のテーマまずいぞ。今の学園前の町は住み良い町なのかパートⅡ。さあ，どんな話になるんだろうね」と参観していた筆者には楽しんでいるようにさえ見えた。さらに加えて，児童からは次の観点や事実が提供される。

・便利さを目指して開発したはずなのに，立場によって現状に対して不便に感じている人もいる。

・学園前周辺の土地の値段はとても高い。(平方メートルの意味が問題となり，教師中心に指導された末に，広さの単位として了解される)

・高齢者の声によると，今の学園前は昔と比べてざわざわしているので，よくない。

　上記から，共時的には「より良くしようと働く人々の営みが，一部の人に不利な状況を生み出す」「便利さや環境の良さによって土地の人気が高まると，土地の値段が上がる（と，住みにくくなる）」「年齢や考え方によって評価の基準・観点が異なる」等の矛盾・問題が児童によって掴み出される可能性が見て取れる。また，通時的には「開発が計画された当初の目的と，現在の町づくりの考え方」「時間の経過に伴う人口や年齢構成，税収等の推移」等の問題が浮き上がる可能性がある。

　朝の会の最後に教師は，「先生もお手上げです」「これどうすんの」「今日のテーマ難しいね。どうしようね。このテーマで話し合った時に，どんな話になるんだろうなあと思いました」などと話した。これらの言葉から，あらかじめ定められた終着点，予定調和的な結論は，想定されていないと考えられる。前日に到達したのは「今の町は便利になったのか」「住みよい町か」という問いであった。誤解を恐れず言えば，より質の高い「問い」への到達が目指されている。「学習の形式は質疑と解疑との二つでひっきょう学習とは疑うて解いていくこと

の反復」[18]とする木下竹次の言葉が想起される。

⑥の児童の逡巡を逃さず教師が介入して何が起きたのか。教師は，より質の高い「問い」を目指して児童を導いた。教師の指導により，児童は「今の町は便利になったのか」という学習問題に内在する矛盾，問題に気づきはじめ，「しごと」学習に向けて勢いづいたように見えた。知的興味の高まりがうかがえた瞬間だった。しかし，そればかりではない。

《E. 社会的な気付き》は，多様な背景，文化，文脈を有する者たちを含む，他者の立場を理解し共感するコンピテンスである[19]。児童が気づきはじめた矛盾，問題は，人間相互の利害や思想，立場等の対立から生起している。それらは，インタビュー等によって，少しずつ他者との意味ある出会いが広がったため見えてきた。薄田教諭の指導により，《E. 社会的な気付き》が知的探究と強く結び付いて獲得され，児童の動きとなって表出している。

4　飼育している亀のみどりちゃんについて

d3 は④の児童の次の発言で提起された。

> ④　はい。私が最近，思っていたことです。今はもう，今はないですが，みどりちゃんのことです。生き物係，私たちの生き物係も進んでいないし，みんなも亀のことを気にしていません。だから亀をどうするかも，また話し合わないといけないと思います。

教師が「今，ちょっとみどりちゃんはお引っ越ししてますからね。今日，明日はお引っ越しです」と話すと，児童から「どこ」「ああ，かわいそう。ひとりで」等複数の声が上がる。その瞬間を逃さず，教師は「それは今言われて気になった？」と迫り，生き物係に挙手を求めた。④の児童も挙手した。

④の児童が問題提起に至ったのは，どうやら次のような事情があったようだ。研究発表会のために教室内の物を前日に片付けた。2年生児童は早めに下校したため片付け作業に関与しない。亀の飼育水槽は，児童の知らない間に別の場所に移動された。亀のみどりちゃんの突然の不在に④の児童は気付き，併せて

生き物係の活動の低調と他の児童の無関心を指摘した。

④を含む生き物係の数名だけでなく全員に対して，教師はさらに「亀どこに行ったんだろう。気になった？」と問いかける。④の児童は続けて d2 の内容も発言したため，しばらくこの問題は棚上げとなる。

亀のみどりちゃんの問題が再び取り上げられたのは，次の教師発言である。

T) 今日，朝来た時，「みどりちゃんどこなんですか」って誰も聞いていないよ。特に係の人，どうですか？　（中略）だから先生言ったじゃない。係なんか決めなくていいって。生き物係さん，それ，働きちゃんとできていますか？それを周りの人はちゃんと支えてますか？　これで係の仕事って言えるの？残念だなあ。（中略）野菜の時は，毎日，野菜見に行ってたよ。様子見に行って見に行って見に行って，温度計まで持って，毎日温度測ってたんやろ。みどりちゃん，ほったらかし？（中略）④さん，あなたどうすればいいと思ったの？　あなたはどう考えてたのかな。

④ 生き物係も，水とか，水替えをしたり，餌をやったり，まわりの人もみどりちゃんとかの様子を見て，どう，どう，あの，みどりちゃんは元気とか，今なんか食べてるとか，そういうことを見た方がいいと思います。

学級に必要な係を考えさせ，全ての児童が何らかの役割を分担する。分担された役割だけでなく，必要に応じて助け合い，互いの福利の向上に寄与しようとする行為や意志を認め合う。学級生活を通して自他の良さやかけがえのなさに気付かせる。このような目的で行われる係活動には一定の意味がある。

だが，目的意識が薄れ，形骸化が進むと，係活動を次のように理由づける場合が往々にしてあるのではないか。係を決めるのは当然だから。係を決めないと不都合が起きるから。係は４月当初に決めて学級通信で保護者に知らせることになっているから。これらの理由は，先ほど述べた係活動の目的に直結しない。そればかりか児童の要求とは別の文脈から生じている。

大多数の教師にとって「これで係の仕事って言えるの？」は言った経験があるかもしれない。だが，「係なんか決めなくていい」とはあまり発言しないのではないか。薄田教諭はかつて，生き物係を決めるのに反対した。教師は反対の

立場を変えなかったが，教師の反対意見を児童が押し切る形で生き物係が決まった。教師発言から，このような経緯が推察できる。

「係なんか決めなくていい」発言は，学級に必要な係について比較的長期間，行動を通して深く考え続けさせる指導方法の発露であろう。生き物係の一員である④の児童は，水替えや餌やりについて係のみならず，その他の児童の関与も求めている。生き物係が決まっているから，その他の児童にとって亀の飼育に参画する動機と意欲が低下する。亀の飼育への全員の参画がねらいであるとすれば，薄田教諭の言うように生き物係は廃止すべきだろう。

居なくなった亀の所在を誰も不思議に思わない事実を指摘したこと，野菜のことを日常的に気にかけていた児童の様子を引き合いに出したことから考えて，教師は亀の飼育への児童全員の日常的関心と参画を志向している。もはや，生き物係の廃止が論理的帰結と思われる。しかし，薄田教諭は理詰めで児童を従わせるような指導をしない。

> T) 生き物係さん，また考えて，みんなに提案して下さい。どうしますか？
> もう私たち解散しますなら，それでもいいよ。せっかくジャンケンで勝ち取ったのになあ。

このように教師は，生き物係を「せっかくジャンケンで勝ち取った」数人の児童の意思を尊重し，生き物係の一員から提起された問題について何らかの提案を求める方法で行動を促した。

一人の児童が研究発表会によって変化した状況を捉え，生き物係を始めとする児童全体に対してみどりちゃんのお世話について問題を提起した。教師は，学級という社会で生き物を育てる意味を，係活動という制度そのものへの疑いという形で児童に考えさえ，行動を迫った。係活動という制度への問いかけは，児童の社会的行為の判断基準を揺るがすものであり，配慮のある建設的選択が促されるという意味において《C.責任ある意思決定》のコンピテンスの育成に結び付く。

上記のとおりd3では，多様な状況における個人の行動や社会的相互作用に

ついて，配慮のある建設的選択を行う《C. 責任ある意思決定》のコンピテンスが指導されている。しかも，その指導は生き物を育てる意味を比較的長期にわたって考え続ける「しごと」学習の知的探究と分かちがたく結び付いているという特徴が見られる。

5 野菜作りで使用した畑の手入れについて

d4 は次の児童発言によって提起された。

> ⑤ 私は言いたいことが二つあります。一つ目は，今日，朝，道を通って思ったことです。今日は西門からの登校でした。その時，2 月の畑を通ります。その時，2 月の畑を見て思いました。まだ藁がかぶせてあって，雑草がはえて，だんだんはえてきています。まわりに，まわりに広がってきているから，3 年生になるまでに，次の 1 年生，あ，次の 2 年生の子たちのことも考えて，雑草を抜いたり藁をどけたりしないといけないと思います。もう一つのお伝えはしごとのことです。（後略）

「2 月の畑」とは，2 年月組で野菜作りに取り組んだ畑という意味である。この時期は 2 月初旬のことなので冬野菜は収穫を終えている。畑は学習の舞台としての役割を終えているはずである。⑤の児童の「藁がかぶせてあって」「雑草がはえて」という畑の現状は当然のことだろう。だが，⑤の児童は「次の 2 年生の子たちのことも考え」ると問題であると発言した。もし，野菜作りのための畑が授業のための教材としてのみ認識されているとすれば，授業での取り扱いが終わったとたん，教材としての価値は消滅する。多くの教師は多忙の中，畑の存在を一時的に忘却することになるだろう。しかし，野菜作りに熱心に取り組んだ⑤の児童にとって，畑は忘れがたい思い出の場所として記憶に刻まれたのではないか。

　生活科や総合的学習の時間で栽培に取り組む場合，継続的に世話をする児童の姿となっているかどうかが試金石となる。時間割で区切られたその時間だけ，熱心に世話をしたり作物の状況について白熱した議論ができたりする場合もあ

ろう。しかし，そのような児童は授業だからがんばる，今はそれをしっかりや
る時間だから等の他律的な動因に支配されていると言えないか。

> **T）** みなさん，⑤さんの話聞いてなんか思わなかった？　よく，収穫したあと
> の畑のことも見てたね。そこはパチパチパチなんです。

　⑤の児童は収穫後の畑の状態を気にかけ，問題提起した。次の栽培に向けて
畑を良い状態に保つことが必要であり，そのための「畑のことも見てた」とい
う行動を生み出した知的な判断が教師によって認められた。しかし「そこは」
と限定され，「パチパチパチ」と擬音語で軽く表現する言辞では，心の底からの
承認と思えない。教師の関心は「なんか思わなかった？」という問いかけに重
心がある。

> **T）** 今，⑤さんの話聞いて，がーん！　と思ったことがある。（中略）あなた
> たち，3年生になるまでになんとかしようとしてるの？　あと1か月間ほ
> っとくの？！　⑤さんどういうイメージだったんだろう。
> **⑤** 1か月間ほっとくんじゃなくて，3年生になったら，畑も変わって，で，今
> の1年生が2（年）月（組）に来るから畑も使います。だから，その1か月
> 間の間に，雑草を抜いたり藁を取ったりしないといけないということです。

　教師からの重ねての問いかけは⑤の児童に向けられた。⑤の児童の回答は，2
年生という年齢，終了した単元の話題ということを考慮すれば十分に満足のい
く内容に思われる。教師は「⑤さん，すばらしいですね。では，みんなで時間
を見つけて畑のお手入れをいたしましょう」と締めくくってよいように思う。
　だが，薄田教諭は次のように児童に迫る。

> **T）** もうちょっと気になったんです。藁，散らかりっぱなし。気がついた人？　〈C
> 「はあい」8人挙手〉（中略）藁がちらかっていることを見つけました。そ
> れを見た⑦君〈8人挙手した中の一人〉はどうしましたか？　（中略）あああ，

みんなはそんなもんかい。先生，藁が飛んでいるのを見ました。たくさん飛んでいましたって帰って来るだけなの？　ああ，なんていう人たちだ。

⑧　私は通学する時に門から入って来て，（中略）学校に行くのを急いでいたので，学園前のことを先生に言わないといけないことがあったから急いでいたから，あんまり出来てないけど，ちょっと藁を寄せるぐらいはできました。（中略）

⑨　今日，学校に行くときに，散らかっていたところはありましたが，やろうかなと思ったけど，早く学校に着いてなんかしたいなあと思って，そのままにしてた。（中略）

⑩　僕は，来た時にどんだけもう生えているのかなぁと，畑の近くに行ってちょっと見てみました。（中略）そうすると，もう全体にいっぱい生えていて，もう抜かないと，間に合わないぐらい生えていました。またこっから放っておくと，また生えてくるから，もうやらないといけないと思います。

T）思いました。⑩君どうしたの？

⑩　えっ。抜いてはいないけど藁は，飛んでいってたから，ちょっとだけ寄せた。

T）ちょっとだけ，こう，ちょっとだけ寄せて。西門から来てるから，畑の様子よくわかるよね。はい，分かりました。ここまでにしときましょう。じゃあどうしますか。

　薄田教諭の肉薄に気圧され気味であるが，児童はそれぞれ正直に答えようとしている。厳しくも微笑ましいやり取りと言える。この日は野菜作りとは別の単元が公開される予定である。であっても，薄田教諭は野菜作りという「こと」への向かい方を鋭く児童に問いかける。亀のみどりちゃんを学級で飼う意味の問いかけと同様に，比較的長期にわたって息長く指導し続ける教師の姿勢がうかがえる。薄田教諭にとって，飼育や栽培等の単元は簡単に終わったことにならないようだが，それは一体どうしてなのだろう。

　亀のみどりちゃんの飼育も畑での野菜作りも，児童の気付きに即応する形で教師が鋭く問いかけている。単元が終了しても，関連する児童の気付きが提出された瞬間に必要に応じて問答を繰り返すかどうか決断する。瞬間的な判断によって介入を決断した場合，言葉のやり取りを通じてその時点での児童の状況を把握しようと努めながら，その先にその児童が解決すべき問題を見極め，児

童自身が問題状況を認識できるように問いかけを徐々に鋭くしていく。その結果，問題解決に向かうかどうかは児童に委ねられる。

ここで，前節で取り上げた教師発言の一部を振り返ってみよう。

> T) 野菜の時は，毎日，野菜見に行ってたよ。様子見に行って見に行って見に行って，温度計まで持って，毎日温度測ってたんやろ。みどりちゃん，ほったらかし？

「野菜の時」とは，野菜作り単元の学習をしていた時期を意味すると思われる。野菜作りへの児童の没頭ぶりが「毎日」「様子見に行って見に行って見に行って」からわかる。しかし，d4での薄田教諭は，児童に対して必ずしも野菜作りへの没頭を求めているわけではない。

⑤の児童は次の栽培に向けて畑を良い状態に保つことが必要であると考え，この日の畑の状態を見た。⑤の児童の行為は，野菜作りに関する知的認識が行動に表れたものと判断できる。むしろ認識と行為とを区別するのではなく，⑤の児童のように野菜作りが終わっても畑の様子を気にかけ，機会を捉えて注視する行為こそ，〈野菜作りに関する知そのもの〉の動的様態[20]と考えたい。であれば，⑤の児童の行為によって野菜作りに関する知の質が問われることになる。だから，薄田教諭は児童に対して「どう（行動）しましたか？」と問い続けるのではないか。

> 藁が散らばっている状況を児童が見て，その子が教室で状況を言語化する。それをきっかけにしてその状況をどのように改善したら良いか話し合い，みんなで解決策を導き出す。

⑤の児童が思い描いていた上のような学びのイメージは，すでに過去のものとなった。薄田教諭がこの時点で行った指導は，次のとおりである。

> 藁が散らばっている状況を見て，その子が教室で状況を言語化するという一連
> の行為を言語化し，「どう（行動）したいか」と省察を促す。

　薄田教諭の指導によって，児童はどのように行為したとしても，それはそれ
として認められ，さらに次の段階や世界を目指して新たに生起する問題を見出
し，行為し続ける姿が求められる。このような姿が学習と言えるだろうし，生
活と言ってもよいだろう。児童は自らの行為そのものについての省察が促され
るため，個別の状況の違いを超えて自分の思考や価値観が自らの行動にどのよ
うに影響するかという理解が迫られる。このようなコンピテンスを，CASEL5
では《A. 自己への気付き》としている。

6　分析・考察のまとめ

　奈良女附小の朝の会〔d；みんなからのお伝え〕でなされるのは，児童が最
も気になっている問題の表明と，その問題の質を高める指導であった。
　まず，次の時間に予定される「しごと」学習で何をどう考えるかを，最も多
くの児童が気にしていた。インタビューをしたり，自らの学びのアウトライン
を表明したりして解決すべき問題を模索する児童と教師の姿から，《B．自己管
理，D.関係性のスキル，E.社会的な気付き》を見出すことが出来た。それらの
コンピテンスは，知的活動と強く結び付いて表出し，指導される。
　次に同程度の分量で表れたのは，飼育と栽培に関する気付きであった。学級
という社会で生き物を育てる意味の追究と，行為の省察を通して《A.自己への
気付き，C.責任ある意思決定》のコンピテンスが育成されている。これらのコ
ンピテンスも，知的関心を背景に比較的長期にわたる対象への関与と強く結び
付いて表出し，指導された。
　藤井千春（2019）は，デューイの論述に基づいて「資質・能力competence」
を普遍的に育成するための一般化された学習指導法は存在しないと論証した。
論証の中で，次のような記述がある。「「知性的intelligent」な知的活動は，「示
唆suggestion」と「反省reflection」という思考の二つの機能の不可分・不可

欠な連続的機能によって推進される。「反省」によって適切な「示唆」が速やか
に発生するようになる。あるいは，適切な「示唆」が速やかに発生することに
より深く多岐にわたる「反省」，すなわち「熟慮 deliberation」が可能になる。
知的能力が「知性的」に機能することは，知的活動を「知性的」に遂行する経
験を積み重ねて高められる」[21]。

　薄田教諭と児童の記録は，児童が最も気になっている問題が提出され，教師の
示唆によって質の高い問題へと反省が促される知性的な知的活動であったと言え
よう。知性的な知的活動は，社会的，情動的な児童の学びと統合的になされた。
薄田教諭の方法は，意図的，計画的に予定されたものではなく，児童の個性的な
問題の表出に即応して実行される。そのため，「朝の会」（学習指導要領の枠組み
で言えば特別活動）の記録であったが，そこで行われたのは生活科，国語科，特
別活動，道徳等の内容を含む，統合的な学習指導となる。児童の側から見れば，
「最も気になっている」問題は，必ずしも学習指導要領の枠組みに沿って意識さ
れているわけではないからだ。さらに言うならば，児童にとって「朝の会」は，
今日を共に生きる社会の連続的構成の一断面と表現できる。そのため，薄田教諭
のように統合的学習をあらゆる場で機会に応じて指導しようとする態勢によって，
児童にとってより自然で，より合理的な経験が連続して実現するのである。

おわりに

　目的をもって他者と共に課題解決に向かう実践事例において，知的，社会的，
情動的な学習が統合的に実現する事実を明らかにしてきた。考察を終えようと
する今，ハンナ・アーレントの「語り，行為しつつわれわれは，人びとの世界
に参入していく」[22]という意味での「行為（独）Handeln（英）action」を思い
浮かべざるを得ない。「行為し語りつつ人間は，自分が誰であるかをそのつどあ
らわにし，自分という存在が人格として唯一無比であることを能動的に示す。
かくして人間は，いわば，それまでは自分が姿を見せることのなかった世界と
いう舞台に，登場する」[23]。アーレントによる行為の開示的性質の説明は，事例
で登場した児童の姿そのものではないか。ビースタの言うようにアーレント的
「行為」は，複数性と差異の世界においてデモクラティックな人格であることを

意味する[24]。事例に登場した教師と児童は，聞くことと待つこと，すなわち他者が始めるための空間を創造し，他者が主体であるための機会を創造したデモクラティックな存在であったと言える。

　アーレントによれば，行為は自主独立の行為を産み出し，産み出された行為がさらに他の行為者を触発する。そして，行為はさまざまな関係を設立し，あらかじめ与えられた制限をこじ開けたり，境界を踏み越えたりする傾向を含む。行為のこのような際限のなさにより，歴史的に制度や法による安定が試みられた。しかし，行いと言葉によって自分たちの新しい始まりの真価を発揮させないではいられない新世代が次々と流れ込むため，制度や法はもろさを見せる。

　アーレントの原理的考察が示唆するのは，行為者として世界に登場した児童が互いに触発し合い，特別活動や教科，時間割等というあらかじめ与えられた制限をこじ開け，境界を踏み越えて行く可能性である。もし，その可能性を認めなければ，教師も児童も形式的に定められたさまざまな決まり事に自らを逃避させる受動的な毎日を過ごさざるを得ないだろう。

　事例のように児童を育てるには，個性的な問いの質を高める指導を，いつ誰から表出するか不明な状態に耐えつつ，児童の動きに応じて誠実に実行する必要がある。40人の児童がいれば，40とおりの問いがあろう。だが，教師も行為者の一人として教職専門性を発揮すべきである。薄田教諭であれば「しごと」学習のテーマが「朝の会」で中心的な話題となった。教師の専門領域が問おうとする児童の意欲を高める可能性がある。だが，国語，算数という教科内容に重きが置かれる領域や，音楽，図画工作という技能に重きが置かれる領域の場合，児童の特性に必ずしも合致するわけではない。

　事例で見てきたような特別活動の活用も含めて統合的な学習指導を構想する場合，やはり生活科や総合的学習を軸にする道が最も有効ではないか。生活科や総合的学習のテーマから生じた個性的な問いについて，寝ても覚めても考え続ける児童であれば，多くの教師にイメージが可能だろう。生活科や総合的学習を充実させるのと同時に，知的，社会的，情動的な学習の統合的な指導をあらゆる機会を利用して実行する。それが，資質・能力時代の教師の姿である。

（金津琢哉）

【注】

1) 小泉令三『子どもの人間関係能力を育てる SEL-8S ①：社会性と情動の学習（SEL-8S）の導入と実践』ミネルヴァ書房，2011 年，15 頁。

2) 中野真志「アメリカにおける社会性と情動の学習（SEL）――「学術的，社会的，情動的な学習の協働」（CASEL）を中心に――」愛知教育大学教職キャリアセンター紀要（7），2022 年，159〜166 頁。

3) 高橋智子・庄司一子「社会性と情動の学習（SEL）に関する研究動向と今後の課題」筑波大学大学院人間総合科学研究科ヒューマン・ケア科学専攻共生教育学分野『共生教育学研究』（第 6 巻）2019 年，80 頁。

4) 小泉令三は『社会性と感情の教育――教育者のためのガイドライン 39――』（M.J,イライアス・他著：1999）の訳者として知られている。小泉はアメリカにおける SEL の諸研究を 8 つの社会的能力の育成を目指した特定の学習プログラム SEL-8S（Social and Emotional Learning of 8 Abilities at School）として整理し，我が国の学校教育への適用を試みた。小泉は 8 つの社会的能力を 5 つの基礎的社会的能力（自己への気づき，他者への気づき，自己のコントロール，対人関係，責任ある意思決定）と 3 つの応用的社会的能力（生活上の問題防止のスキル，人生の重要事態に対処する能力，積極的・貢献的な奉仕活動）に分けた。その上で，8 つの学習領域（A 基本的生活習慣，B 自己・他者への気付き，C 伝える，D 関係づくり，E ストレスマネジメント，F 問題防止，G 環境変化への対応，H ボランティア）を設定した。さらに，小学校の教育課程での実行を考えて領域①：学習のねらいが SEL-8S 学習プログラムと一致する学習領域，領域②：SEL-8S 学習プログラムが学習の土台となっている学習領域，領域③：SEL-8S 学習プログラムが実践される生活場面の 3 つの領域に区分した。

5) 小泉令三『子どもの人間関係能力を育てる SEL-8S ①：社会性と情動の学習（SEL-8S）の導入と実践』上掲書，46 頁。

6) 木下竹次『学習原論』明治図書，世界教育学選集 64，4 版（初版 1972），1980 年，13 頁。

7) 中野光「木下竹次研究――「学習法」の理論とその思想背景――」日本教育学会『教育学研究』34（1），1967 年，38 頁。

8) 同上書，38 頁。

9) 梅根悟「木下竹次と「奈良の学習」」日本生活教育連盟『カリキュラム』（103），1957 年，50 頁。表記は原文のままとした。

10) 重松鷹泰「"奈良での仕事"」奈良女子大学文学部附属小学校編『わが校五十年の教育』非売品，1962 年，394〜395 頁。

11) 薄田太一教諭の学習指導の在り方が端的に表出している場面について，薄田教諭の許可を得て宇都宮大学の溜池善裕教授から映像記録の提供を受けた。

12) 薄田太一「子どもが自分事として取り組む学び：二年・しごと「なるほど・ザ・学園前」②」奈良女子大学附属小学校学習研究会『学習研究』(494), 2020年, 30〜35頁。

13) 同上書, 35頁。

14) 溜池善裕「「朝の会」における学習指導法：奈良女子大学附属小学校2年月組の「朝の会」の1年間を手がかりとして」宇都宮大学教育学部『宇都宮大学教育学部教育実践紀要』(7), 2020年, 39〜47頁。

15) 同上書, 43頁。

16) 丸囲み数字は, 児童が記録に登場した順番に割り振った。①の児童の発言内容は考察に影響しないので省略する。以下の児童の発言記録も同様に処理するため, 抜けている番号が出る。番号が同じであれば, 同一の児童の発言となる。

17) 中野真志, 上掲論文, 162〜163頁。以下, CASEL5のコンピテンス概念に関する説明は全て同じ論文を参照した。

18) 木下竹次『学習原論』明治図書, 世界教育学選集64, 4版（初版1972）, 1980年, 208頁。

19) 中野真志, 上掲論文, 163頁。

20) 田中智志・橋本美保『プロジェクト活動：知と生を結ぶ学び』東京大学出版会, 2012年, 12-19頁。田中は知を明示知, 暗黙知, 文脈から構成されるとし, 文脈は「そのなかにいる人が切実な思いで構成する, 自分自身の立ち位置」であり, 知の基礎であるとした。暗黙知は技能（できること）である。明示知は言語的に表現され, 中でも高度に分節化された知が表象知である。表象知の典型が教科書に書かれているような知識とした。田中の記述に従えば,〈野菜作りに関する知そのもの〉は文脈としての知と言えよう。

21) 藤井千春「デューイ知性論についての考察：「知性的」な思考についての自然主義的アプローチ」田中智志編著『教育哲学のデューイ：連環する二つの経験』東信堂, 第4章, 2019年, 258頁。

22) ハンナ・アーレント著, 森一郎訳『活動的生』みすず書房, 2015年, 216頁。

23) 同上書, 219〜220頁。

24) ガート・ビースタ著, 田中智志・小玉重夫監訳『学習を超えて：人間的未来へのデモクラティックな教育』東京大学出版会, 2021年, 135頁。

デューイ実験学校における知性と道徳性の一体的涵養 ──生活科における認知的能力と非認知的能力の一体的育成に向けて──

8章

はじめに

次の文章は，ある学校の卒業生の語りである。

> 私はシカゴのジョン・デューイ・スクール，すなわち「シカゴ大学実験学校」に通っていた。〔中略〕
>
> 私は，デューイ・スクールにおける品性の形成の成果について語らずにはいられない。年月が経ち，多くのデューイ・スクールの子どもたちの人生を注視するにつれて，私は彼らがさまざまな危機的な諸条件に容易に適応していることにいつも驚き，舌を巻いている。彼らは情緒が不安定になるような影響を受けても，気迷うことがなく，まごつくこともない。彼らは肯定的に形成された実際的な習慣に手引きされ，目の前の問題に取り掛かり，解決する。〔中略〕問題に取り組むための実用的な行動様式を知っている者は誰もが自信から生まれる勇気をもち，問題の解決を成し遂げる。〔中略〕さまざまな物事について学習するだけでなく経験するということがデューイ氏の教育の計画である。そういうわけで私たちの学校での教育は作業室でのワークであり，それによって私たちが形成した習慣は活動的な習慣だった。私たちが身に付けた規律は隣人と心地よく生活していく実際的な方法だった[1]。

この文章中にある「デューイ氏」は米国の哲学者・教育学者ジョン・デューイ（John Dewey）を，「デューイ・スクール」はデューイがその開設・運営に携わったシカゴ大学付属小学校，通称「デューイ実験学校（Dewey's Laboratory School）」（1896 年～1904 年）を指している。デューイは実際の社会生活に関わる活動を基盤とした教育実践を重視し，デューイ実験学校で教

師とともにそのような教育実践の開発に取り組んだ。デューイの教育論とデューイ実験学校の教育実践は，生活科の「主要な源流」である「新教育運動」の潮流に位置付けられる[2]。

　この文章は一人の卒業生の語りを取り上げたものであり，卒業生全員の語りを検討したものではないため，慎重に扱う必要がある。とはいえ，今日でいう「非認知的能力」の育ちに関わる語りが含まれていることは注目に値する。

　2017年（高等学校は2018年）に改訂された学習指導要領では，教育課程全体が「何を知っているか」という内容（コンテンツ）ベースの教育実践から「何ができるようになるか」という資質・能力（コンピテンシー）ベースの教育実践へと転換されることとなった。現在のわが国の学校教育は「『資質・能力』の時代」[3]の中にあるということができる。その中で注目を浴びているのが非認知的能力・スキルないし「社会情動的スキル」である。「認知的スキル」が「知識，思考，経験を獲得する知的能力」と「獲得された知識に基づいて解釈し，熟考し，未知の事柄を推定する知的能力」を指すのに対し，社会情動的スキルは「一貫した思考・感情・行動のパターンに現れる〔中略〕個人の能力」を指す[4]。この社会情動的スキルには，「目標の達成」，「他者との協力」，「情動の管理」に関わるスキルが含まれる[5]。今回改訂された学習指導要領で提起されている「学びに向かう力」は，社会情動的スキルとの共通性が指摘されている[6]。本章では，認知的スキルを含むものとして認知的能力の語を，社会情動的スキルを含むものとして非認知的能力の語を用いる[7]。先述したデューイ実験学校の卒業生の語りでいえば，「気迷うことがなく，まごつくこともない」こと，「自信から生まれる勇気をもち，問題の解決を成し遂げる」ことには「目標の達成」や「情動の管理」に関わる非認知的能力の育ちを，「隣人と心地よく生活していく実際的な方法」には「他者との協力」に関わる非認知的能力の育ちを看取することができる。したがって，非認知的能力の育成を念頭に置きつつ，デューイ実験学校の教育実践に分析を加えることで，資質・能力時代の生活科を展望する上での示唆を得られると考えられる。

　本章では，デューイ実験学校の教育実践を手掛かりに，資質・能力時代の生活科が直面しうる課題の解決の方向性を展望することを試みる。

Ⅰ　資質・能力時代の生活科における課題

　本論に入る前に，デューイの教育論とデューイ実験学校の教育実践に分析を加えるための観点を設定するべく，資質・能力時代の生活科が直面しうる課題について検討しておく。

　「教科課程」と「生活課程」という区別に基づくと，生活科は生活現実の吟味・拡充・更新を原理とする生活課程に分類される。生活現実の吟味・拡充・更新とは，「自分たちを取り巻く生活現実を明晰に自覚し，時に批判的に吟味し，多様な他者と協働してよりよい未来を切り開くと共に，その過程において自己の生き方，在り方を更新していく」[8]ことを意味する。

　生活科を含む生活課程に期待される役割の一つが「知の総合化」である。教科課程にとっての意義の面からみると，知の総合化は，「各教科で学ぶ系統的な知識や技能を総合的な学習の時間等における生活実践上の問題解決に用いることで，教科を学ぶ意義を深く実感させると共に，『習得』した知識や技能の『活用』力を高めようという考え方であり，実践上の工夫である」[9]。生活課程にとっての意義の面からみると，生活実践上の具体的な対応に意識を向け過ぎて，なぜそうするのかという原理的理解を欠いた反知性的なものに陥りやすい生活課程の学習であるが，知の総合化によって日常の生活経験では到達しがたい科学的認識を生かすことで，生活現実を批判的に吟味することができる[10]。知の総合化が期待される背景には，「要素的学力観」が関係していると考えられる。本田伊克は，中内敏夫[11]の所論をふまえ，要素的学力観が「『学校でいろいろ教えてくれることは，意味がわからず意義が見いだせなくても，できるかぎりたくさんとりこんでおけば，いつかは役立つかもしれない』といった知識観・学力観のこと」を指し，「子どもたちにとって学ぶ意義や効能を実感しにくい，雑多で相互に関連性の見いだしにくい知識をできるだけ大量に収集し正確に記憶することを迫」っていると指摘している[12]。要素的学力観によって知識を大量かつ正確に記憶することを要求された子どもは，学校で学ぶ知識の意味と相互関連を見出しにくくなってしまっているのである。生活現実の吟味・拡充・更新を原理とする生活科は，こうした要素的学力観を克服し，知の総合化を図る上で

大きな役割を果たすことが期待されている。

　ただし，生活科はこのような期待とは裏腹に，「活動あって学びなし」という批判が投げかけられてきた。体験や話し合いなどの活動を行うこと自体が目的化され，何を学んだのかが不透明になるという事態がしばしば生じた。

　しかし，生活科をめぐる状況は変化している。本章の冒頭で述べたように，今回改訂された学習指導要領では，内容ベースの教育実践から資質・能力ベースの教育実践へと転換されることとなった。資質・能力ベースの教育課程改革は，「社会から人間への『実力』要求をふまえ，学校でできること，すべきこと（『学力』）の中身や，学びのあり方を問い直していくこと」を求めており，「一般に『学力』概念が，教科内容に即して形成される認知的な能力に限定して捉えられがちであるのに対して，教科横断的な視野を持って，そして，非認知的要素も含んで，学校で育成すべきものの中身を広げていこうという志向性を表している」[13]。実社会との関連が重視されることで，教科固有の認知的能力の育成に閉じがちであった従来の教育課程の学力論が，非認知的能力など教科の枠に収まらない汎用的能力の育成も含むものへと拡張されたのである。このことをふまえると，生活科は，実生活や実社会に関わる活動の中で非認知的能力をはじめとする汎用的能力を育成してきたということができる。したがって，資質・能力論は，「活動あって学びなし」と批判されてきた生活科の意義を根拠付けるものとなりうる。

　その一方で，資質・能力論は，その可能性だけでなく危険性についても論じられている。奈須正裕の説明に基づくならば，汎用的な思考力などの汎用的能力は独立して実体的に存在するものではなく，各教科等で教える個別的な知識や技能がさまざまな状況や文脈に結び付いて機能するものである。しかし，汎用的な「○○力」を列挙し，それらを一つ一つ教え込んでいこうとするような動きがあり，奈須はこれについて「コンピテンシーを新たなコンテンツにする発想でもあ」ると批判している[14]。生活科もこのような事態に陥る危険性が十分にある。たとえば，総合的な学習の時間について，「教科横断的な汎用性の高い思考スキルの育成を，思考ツールに代表されるわかりやすい道具や方法の積極的活用によって実現しようとすると，学びの文脈の固有性や豊かさが失われる

おそれがある」[15]と指摘されているが，この指摘は生活科にも当てはまる。ここで危惧されるのは，汎用的な思考力を実体化し直接的に教え込もうとして思考ツールの活用が目的化されることで，断片的で表面的な思考力しか育成されなくなってしまうことである。また，「主体的・協働的な学びであること自体が，『資質・能力』（特に非認知的能力）の育成という点から正当化される」[16]という危惧も指摘されている。生活科では，体験的な活動や話し合い活動が重視されるが，主体性や協働性を育成するために，子どもが特定の体験や話し合いに取り組むこと自体が目的化されることで，生活現実の吟味・拡充・更新という目的や認知的能力の育成と切り離されることとなる。このように，ある資質・能力を実体化し個別に取り出して直接的に指導しようとするあまり，生活現実の吟味・拡充・更新という目的や他の資質・能力の育成と切り離され，断片的で表面的な資質・能力しか育成されなくなる危険性があることを指摘できる。要素的学力観を克服し，知の総合化を図る上で大きな役割を果たすことが期待される生活科が，「学校で身に付けられるさまざまな資質・能力は，社会生活上の意味や意義が見いだせなくても，できるかぎりたくさん身に付けておけば，いつかは役立つかもしれない」という「要素的資質・能力観」ともいうべき資質・能力観に陥ってしまうのである。

　以上のように，生活科にとって資質・能力論は，実生活や実社会に関わる活動を基盤とする生活科の意義を根拠付けるものとなりうるという「魅力」をもっている一方で，要素的資質・能力観によって，ある資質・能力を実体化し個別に取り出して直接的に指導しようとするあまり，生活現実の吟味・拡充・更新という目的や他の資質・能力の育成と切り離され，断片的で表面的な資質・能力しか育成されなくなるという「魔力」も併せもっている[17]。したがって，資質・能力時代における生活科は，要素的資質・能力観を克服しつつ，資質・能力をいかに社会生活との関わりの中で一体的に育成するのかという課題に取り組む必要があるといえる。

デューイ実験学校における
知性と道徳性の一体的涵養への着目

　この課題に取り組むべく，本章では，デューイ実験学校における知性と道徳
性の一体的涵養に着目する。デューイは，認知的能力の育成と非認知的能力の
育成を別個のものとして捉えなかった。デューイが目指したのは認知的能力と
非認知的能力の統一的な育成であった[18]。

　そこで注目すべきは，「非認知的（社会情緒的）能力の発達と科学的検討手
法についての研究に関する報告書」において，心理学黎明期に「非認知」に着
目した研究者の一人として，デューイが挙げられている点である。その中で，
デューイの1909年の著作『教育における道徳的原理』（*Moral Principles in
Education*）が参照され，デューイが「人の道徳的な動機やふるまいが，社会
的状況を正確に理解し，また，的確に制御し得る力として在る社会的な知能か
ら発するとし，それを学校教育のカリキュラムの中でいかに育み得るかという
ことに関心を有していたことが知られている」と述べられている[19]。デューイが
こうした道徳的な動機やふるまいを含む道徳性の涵養に取り組んだのが，
デューイ実験学校であったといえる。したがって，非認知的能力に着目して
デューイ実験学校の教育実践を分析しようとするとき，この道徳性の涵養に焦
点を当てることが妥当であると考えられる。とはいえ，ここで参照されている
『教育における道徳的原理』は1909年の著作であり，デューイ実験学校時代
（1896年〜1904年）の著作ではないため，デューイ実験学校の教育実践と併
せて分析する史資料として最適とはいえない。そこで，本章では，デューイ実
験学校時代にあたる1897年の論文「教育の根底にある倫理的原理」[20]（以下，
「倫理的原理」論文と称する）を取り上げる。『教育における道徳的原理』はこ
の「倫理的原理」論文を改稿したものであり，「倫理的原理」論文にも先に取り
上げた道徳的な動機やふるまいに関わる論述が見られるからである。デューイ
実験学校では「知育と徳育の一体化」が目指されていたが[21]，この知育と徳育の
一体化という着想は，「倫理的原理」論文では，知性と道徳性の一体的涵養と
いう形で看取できる。また，「私たちの学校での教育は作業室でのワークであり，

それによって私たちが形成した習慣は活動的な習慣だった」という冒頭の卒業生の語りが示唆しているように，デューイ実験学校では，社会生活に関わる活動を通して知性と道徳性の一体的涵養がなされていたことも注目すべき点である。よって，知性と道徳性の一体的涵養の観点からデューイ実験学校の教育実践に分析を加えることで[22)]，要素的資質・能力観を克服しつつ，資質・能力をいかに社会生活との関わりの中で一体的に育成するのかという資質・能力時代の生活科の課題に取り組む上での示唆を得ることができるだろう。

　以上の議論をふまえ，知性と道徳性の一体的涵養の観点からデューイ実験学校の教育実践に分析を加えた上で，それを手掛かりに資質・能力時代における生活科の課題の解決の方向性を展望することを本章の目的とする。

Ⅲ デューイの教育論における
知性と道徳性の一体的涵養の論理

　本節では，デューイ実験学校の教育実践を分析するための観点を設定するべく，デューイの教育論における知性と道徳性の一体的涵養の論理を導出する。

(1) 知性と道徳性の相補的な関係

　まず，知性と道徳性の一体的涵養に関わるデューイの所論の基底にあった，社会生活への参加に関わる解釈を取り上げる。デューイは「学校は，社会生活への参加という考えから切り離して目的も目標ももつことはできない」[23)]と述べている。デューイは社会生活への参加を学校教育の究極目標とみなし，子ども自身が「社会的等価物への翻訳」をできるようになることを目指した。子ども自身による社会的等価物への翻訳とは，「子どもが自分の力によって社会生活の中で何を達成することができるのかを理解すること」を指す[24)]。これらのことをふまえると，知性と道徳性の一体的涵養もまた，子どもの社会生活への参加を究極目標とし，子ども自身が社会的等価物への翻訳をできるようになることを目指して行われるものであると考えられる。

　次に，知性と道徳性に関するデューイの所論に分析を加える。デューイは学

校における道徳性の涵養が形式的なものになっていることを問題にした。デューイによれば，学校で重視される，「迅速さ，規則正しさ，勤勉さ，他者の仕事への不干渉，課された仕事への誠実さ」といった「道徳的習慣」は「いわばその場限りのものとしてつくり出された習慣である」という[25]。併せて，デューイは「学校においてよく見られる，知性の訓練と道徳の涵養の間の，また，情報の獲得と品性の成長の間の嘆かわしい分離は，それ自体の中に社会的な生活と価値を有する社会的機関としての学校を想像し，構築することに失敗したことの一つの現れである」[26]と述べ，学校が社会生活と切り離されてしまうことで，道徳性の涵養が知性の涵養と分離され，形式的なものになることを批判した。

　その代わりに，デューイは社会生活との関連を重視した。この点について，デューイは「子どもは，大人が所属するより広い社会生活と全く同じように，正しい行動のための動機をもつべきであり，学校でも全く同じような基準によって判断されるべきである」[27]と述べている。こうして道徳性も社会生活との関連において捉え直されることとなる。デューイは，「根本的な道徳的動機と道徳的力とは，まさに，社会的関心と社会的目的のために働く社会的知性，すなわち社会的状況を観察し把握する力と，社会的力，すなわち訓練された統制能力にほかならない」[28]と述べている。デューイの解釈に沿うならば，道徳的動機と道徳的力とは，社会的関心と社会的目的のために働く社会的知性と社会的力である。ここでいう社会的知性は社会的状況を観察し把握する力を，社会的力は実際に社会的状況を統制する能力を指していると考えられる。このように道徳性を理解すると，知性と道徳性は相補的な関係にあるとみなすことができる。

　両者の相補性について，デューイが引き合いに出している判断力を例に説明しよう。まず，デューイは「知性的な側面では，私たちは判断力，通常は良識と呼ばれるものをもたなければならない。〔中略〕判断力をもっている人とは，状況を評価する能力をもっている人である」[29]と述べている。ここでいう状況を評価する能力は，社会的状況を観察し把握する力を意味する社会的知性に関わるものであるといえる。これはたしかに知性的な側面を示すものである。ただし，先述したように，この社会的知性が社会的関心と社会的目的のために働く

ものであるとすれば，それは知性以上のものを含んでいると考えられる。この点について，デューイは以下のように論じている。

　　　しかし，目的に対する意識は単なる知性以上のものであるのに違いない。最も優れた判断力をもっているが，その判断力に基づいて行動しない人のことを私たちは想像することができる。障害に対して確実に努力する力があるだけでなく，細かい心遣いを伴う直接的な応答性，すなわち，情動的な反応があるに違いない。それどころか，よい判断はこの感受性なくしては不可能である[30]。

　ここでデューイが例示しているのは，知性的な側面からみれば非常に優れた判断力をもっているが，その判断力に基づいて行動しない人である。この判断力が社会的状況を観察し把握する力を意味する社会的知性であるとすれば，それは社会的関心と社会的目的のために働くものである。社会的目的に向かう社会的関心の源となるのが，自分や他者を含む社会的状況に対する細かい心遣いを伴う直接的な応答性であり，情動的な反応である。これらはまさに道徳的な側面である。このように知性と道徳性は相補的な関係にあるといえるのである。

(2)　活動を通した知性と道徳性の一体的涵養

　知性と道徳性が相補的な関係にあるとすれば，どのように知性と道徳性の一体的涵養を図るのだろうか。デューイが注目したのが「活動」である。デューイは，「活動という方法」について，「より有機的な倫理的関係」を含むものであり，「互恵性，協同，相互奉仕の機会を提供する」ものであると述べている[31]。このように活動は互恵性，協同，相互奉仕などの道徳性を涵養する機会をもたらすが，それを具現化しているのが「オキュペーション（occupation）」である。

　デューイは，『学校と社会』の中で，オキュペーションを「子どもの側にとっての一種の活動の形態であって，社会生活で営まれるいくつかのワークの形態を再現したり，あるいはそれと類似した形態で行われたりすることである」[32]と定義している。より具体的に言えば，オキュペーションは，人間が衣

食住に関する活動を通して生活する世界と人間との基礎的な関係に関わるものであり[33]，デューイ実験学校では，木材と道具を用いた工作のワーク，さらには料理，裁縫，織物のワークによって代表されていた[34]。また，デューイによれば，「オキュペーションの心理学において重要な点は，オキュペーションが経験の知性的な面と実践的な面のバランスを保つということである」[35]という。デューイ実験学校では，オキュペーションに基づいて行われる社会生活に関わる実践的な活動は諸教科における知性的な学習との関連付けが図られた。

　知性と道徳性の一体的涵養の観点から注目すべきは，「ある道具を使うことへの熟達やある物の製作が第一の目的」とされる手工訓練のワークでは「子どもが最もふさわしい素材と道具を選択するできる限りの知的責任を与えられず，自分自身のワークの模型と計画を熟考する機会も与えられず，自分自身の誤りに気付くように，それらの誤りを修正する方法を見つけ出すように〔中略〕導かれることもない」というデューイの主張である[36]。デューイによれば，このような手工訓練のワークは，「結果に至る過程に伴う精神および道徳の状態と成長よりもむしろ表面上の結果を考慮する限りは，手工的と呼ばれてもよいだろうが，オキュペーションと名付けるのは適切ではない」[37]という。前項の議論と照らし合わせて解釈すると，次のようになる。学習の主たる目的が道具の使い方への熟達や物の製作に置かれる場合，作業に関わる技能は習熟していくだろうが，そもそも何のためにその作業を行うのかという社会的関心や社会的目的が軽視されてしまう。そこで，子どもが最もふさわしい素材と道具を選択する知的責任や子ども自身のワークの模型と計画を熟考する機会を保障することで，子どもは社会的関心を社会的目的に向け，その社会的目的を実現するべく，自分たちの生活上の必要性や要求をふまえてどのような素材や道具が最適なのかを考えるといった社会的知性，道具を適切に使って作業を進めるといった社会的力を発揮することができるのである。このことは，デューイのいうオキュペーションが知性と道徳性の一体的涵養を志向していたことを示している。

　では，社会生活に関わる活動という観点からみるならば，知性はどのように涵養されるのだろうか。先述したように社会的知性は社会的状況を観察し把握する力を意味しているが，知性と道徳性の一体的涵養というときの知性の涵養

は社会的知性の涵養のみならず，教科の学習も含むものだと考えられる。

　ここで取り上げるべきなのが「心理化（psychologizing）」である。心理化は「現前の子どもが経験できるものとなるよう，子どもの興味や力の発達を考慮して教科内容の基となる学問的知見を再構成すること」[38]を指す。具体的に言えば，教科内容および学問的知見を「現在の子どもの活動と照らし合わせ，社会生活における子どもの活動の発展に資するものとして再構成すること」[39]を含意している。心理化において留意すべきは，地理を引き合いに出した次のデューイの主張である。すなわち，「私たちは子どもの現在の経験の範囲内に（あるいは子どもが容易に獲得しうる経験の範囲内に）地理学的と呼ばれるに値するものとして何があるのかを発見しなければならない。それは子どもに地理をどのように教えるのかという問題ではなく，まず第一に子どもにとって地理とは何かという問題である」[40]と。本章の議論に引き付けて言えば，教科内容および学問的知見を心理化する際，「子どもにその教科および知識・技能をどのように教えるのか」を問う前に，「子どもの活動にとってその教科および知識・技能とは何か」を問うことが重要になるといえる。

　心理化に伴い，各教科の意義も社会生活に関わる活動との関連から捉え直されることとなる。ここでは，次節で取り上げるデューイ実験学校の教育実践に関わって，算数・数学に関するデューイの解釈を取り上げる。デューイは「数を使用するとはどのようなことか，数は本当に何のためにあるのかを子どもに意識させよう」と述べた上で，「そのとき，こうした数の使用や理由への意識は，つねに暗に社会的であるがゆえに，活動的な目的を必然的に伴う。なぜなら，数は他者にとって有益なものの産出を伴い，そしてその産出は多くの場合，明確に社会的であるからだ」と指摘している[41]。数の使用を通して他者にとって有益なものを生み出す活動として算数・数学を解釈することで，算数・数学の意義が社会生活に関わる活動との関連から捉え直され，知性の涵養とともに道徳性の涵養を伴うものとなる。このように，デューイは各教科の意義を社会生活に関わる活動との関連から捉え直すことで，活動を通した知性と道徳性の一体的涵養を図ろうとしていたといえる。

　最後に，本章の議論が小学校低学年で行われる生活科を主題としていること

に関わって，幼児教育段階および小学校低学年段階など幼い年齢段階の子どもに対して，活動を通した知性と道徳性の一体的涵養をどのように図っていくのかという点についても検討しておく。デューイは幼児教育に関わって，「子どもは遊ばなければならないと考えることによって，物事をより低い水準に下げるのは避けなければならない」と注意を促し，「子どもが大いに遊びに打ち込み，没頭していることを理由に，私たちは子どもを導くような可能な限り価値ある素材を導入するだろう。このゆえ，子どもは自然に，連続的な漸次移行によって，通常の意味での遊びからより明確な学習〔中略〕へと移るべきである」と述べている[42]。デューイ実験学校では，幼い年齢段階の子どもに対し，この時期の子どもの興味や知的発達に配慮して，家庭生活および身近な社会生活に関わる活動や遊びが教育実践に取り入れられていたが[43]，デューイの主張に沿えば，それは単に活動の水準を下げたのではなく，それ以降の年齢段階で行う知性的な教科学習への接続を見据えたものとして位置付けられていたのである。このことは，デューイが幼い年齢段階の子どもに対しても，可能な限り知性の涵養を保障しようとしていたことを示唆している[44]。

(3) 知性と道徳性の一体的涵養を図る活動の指導

　以上，デューイの教育論における活動を通した知性と道徳性の一体的涵養について分析を加えてきた。では，教師は知性と道徳性の一体的涵養を図る活動をどのように指導していけばよいのだろうか。これまでの議論も含め，結論を先に示すと，図1のようにまとめられる。

　まず教師が念頭に置くべきは，「道徳的な生活は，個人が取り組んでいることの目的を自ら適切に認識し，当人がこれらの目的への関心と傾倒の精神をもってワークを行うときのみ示される」[45]という点である。教師が社会生活上の価値のある社会的目的を導出し一方的に提示したとしても，子どもがその目的を自分の活動と結び付けて認識し，社会的関心を向けることがなければ道徳性の涵養を促すことはできない。そこで重要になるのが，子どもの観察である。デューイはその必要性を以下のように強調している。

個々の子どもの観察から始めなければならない。私たちは子どもの中に
　　現れ出しつつある諸力，つまり，諸々の本能と衝動を見つけ出す。私たち
　　はこれらの本能と衝動が何を表すのか，すわなち，何を意味しているのか
　　を知ることを望む。これはそれらの本能と衝動が機能しうる目的を，ある
　　いは行動の組織化された手段となりうる目的を探究することを意味する。
　　子どものありのままの諸力（crude powers）をこのように解釈することに
　　よって，私たちはそれらの諸力を社会生活に導くことができる[46]。

　教師は個々の子どもの現在の力を観察しながら，その力の発揮と活動の発展
を促すような社会的目的を導出することが必要になる（＝①）。知性と道徳性の
一体的涵養の観点に沿うならば，ここで発揮を期待される力は，道徳的動機と
道徳的力，すなわち，社会的関心と社会的目的のために働く社会的知性と社会
的力である。また，ここで導出される社会的目的は，子ども自身による社会的
等価物への翻訳に資するものが望ましいと考えられる。

　次に，教師は教科内容および学問的知見を心理化すること，すなわち，それ
らを現在の子どもの活動と照らし合わせ，社会生活における子どもの活動の発
展に資するものとして再構成することが必要となる（＝②）。

　教師は子どもの現在の力の観察と社会的目的の導出，教科内容および学問的
知見の心理化を行った上で，子どもの自発的な活動と子どもに実現を期待する
目的を結び付けることが求められる。ただし，デューイによれば，この二つを
直接結び付けることができるのは子ども自身だけであり，「教師ができるのは，
子どもが自らその結び付きをつくり出すができるように諸条件（conditions）
をつくり上げることのみである」[47]という。諸条件とは，環境に含まれ，人間
の活動を方向付ける諸力を指す。教師に求められたのは，子どもが自分の活動
の社会的目的に社会的関心を向け，その社会的目的の実現のために活動を発展
させることを促すような諸条件を創出ないし提示することであったといえる（＝
③）。

　教師はこのように知性と道徳性の一体的涵養を図る活動を指導することで，
子ども自身が社会的等価物への翻訳をできるようになることを目指すのである。

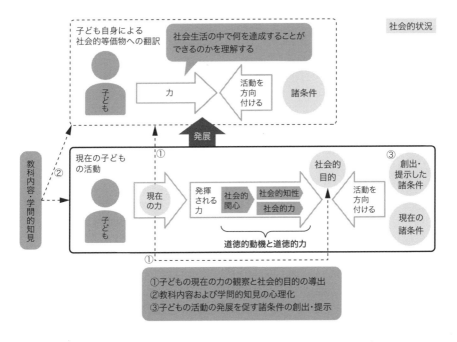

図1 デューイの教育論における知性と道徳性の一体的涵養の論理
（筆者作成）

Ⅳ デューイ実験学校における 知性と道徳性の一体的涵養の具体

　前節での議論をふまえ，本節では，デューイ実験学校におけるオキュペーションに関わる教育実践を取り上げ，デューイの教育論における知性と道徳性の一体的涵養の論理を観点として分析を加える。ここでは，本章において生活科を主題としていることをふまえ，より年少のグループであるグループ１・２（４〜５歳）で行われた食事の準備と片付けの活動を取り上げる。これは幼児教育段階の子どもが所属するグループの活動であるが，知性と道徳性の一体的涵養の具体がより明確に示されていることを考慮し，取り上げることとした。

　グループ１・２での食事の準備と片付けの活動の具体は，以下の通りである。

午前の軽食を準備し食べて片付けることは，自己管理と自発性のための多く
　の機会を与える一連の継続的な活動をもたらした。そしてそれによって，最も
　幼い子どもたちは徐々に行程全体を適切に取り仕切ることができるようになった。
　子ども一人ひとりがグループでの活動のために準備を手伝わなければならなか
　った。椅子を数えることは誰もがやりたがる仕事であった。人数を数えてから
　椅子を数えるというアイディアが浮かぶまでは，一人ひとりの子どもの名前を
　呼びながら一つひとつの椅子を何回も数えていた。この新しい方法はスプーン
　やその他に必要な物品を数えることにも徐々に広がり，数を数える時の数の使
　用に精通していった。その新しい方法は，リンゴを1人半個あげるなら8人に
　は4個あれば十分だということや，小麦のフレークの1カップが2人分である
　ならば8人には4カップを使うということを理解する上でもまた役立った。
　　子どもにとって難しい作業の多くは，テーブルセッティングから生じた。た
　くさんの扱わなければならないもの，すわなち，椅子，カップ，皿，スプーン，
　ナプキン，食べ物があった。子どもたちは適切に運んだり，配置したり，注い
　だり，給仕したりすること，皿を洗ったり拭いたりすることを上手くできるよ
　うにならなければならなかった。こうした過程において，思考したり，決定し
　たりすることは，社会的目的をもったプロジェクトの中での協同を伴った。指
　示を与えたり受けたりすることは，社会的関係の中で明確に話すことと礼儀正
　しい態度でいることを必要とした。もてなす役を務めることは，大人に対して
　だけでなく年齢と経験が同じ者に対しても配慮することを伴った。子どもたち
　の興味はつねにはっきりと現われており，責任感がさらに強くなることによっ
　て発達過程における成長が示された[48]。〔後略〕

　　グループ1・2の子どもは，自分たちのグループが食事をするという社会的
目的に社会的関心を向け，午前の軽食の準備と片付けを自分たちで行っていた。
また，これは，4・5歳の子どもの力でも無理なく取り組むことができる活動
である。これらの点に「子どもの現在の力の観察と社会的目的の導出」を看取
することができる。
　　子どもは椅子を数えることに興味をもち，試行錯誤の末，人数を数えてから
椅子を数えるという考えに至った。この場面では，自分たちのグループが食事
をするという社会的目的を実現するべく，グループの人数を数えて，必要な椅
子の数を割り出すという社会的知性，それをふまえて実際に早く正確に椅子を

数えるという社会的力が発揮されているといえる。これは，教師が現在の子ども
もの活動と照らし合わせ，算数で扱われる数の概念を，食事の準備という社会
生活における子どもの活動の発展に資するものとして再構成する「教科内容お
よび学問的知見の心理化」を行った成果であると考えられる。また，椅子とい
う物理的条件は，子どもがどうしたら椅子を早く正確に数えることができるの
かを考える機会をもたらしており，「子どもの活動の発展を促す諸条件の創出」
がなされていたといえる。

　子どもはこのように午前の軽食の準備と片付けに取り組む中で，同じグルー
プの子どもをはじめとする他者へと社会的関心を広げたことで，責任感を強く
もつようになっていった。したがって，この実践では，午前の軽食の準備と片
付けという活動を通して知性と道徳性の一体的涵養が図られたといえる。

おわりに

　以上分析を加えたデューイ実験学校における知性と道徳性の一体的涵養を手
掛かりにしたとき，要素的資質・能力観を克服しつつ，資質・能力をいかに社
会生活との関わりの中で一体的に育成するのかという資質・能力時代の生活科
の課題の解決に向けてどのような展望を示すことができるだろうか。

　デューイ実験学校における知性と道徳性の一体的涵養は社会生活に関わる活
動を通して行われていた。こうしたデューイ実験学校の教育実践が示唆するの
は，要素的学力観に直面する可能性をもつ内容ベースの教育実践ではなく，要
素的資質・能力観に直面する可能性をもつ資質・能力ベースの教育実践でもな
く，活動ベースの教育実践という方向性である。ただし，活動を重視するのみ
では，再び「活動あって学びなし」という事態に陥ってしまう。それを乗り越
えるために，具体的には，以下の2点に留意することが重要となる。

　第一に，子どもが社会的関心を向け，認知的能力と非認知的能力を含むさま
ざまな力を発揮することができるような活動の社会的目的を導出することであ
る。デューイ実験学校の子どもは，オキュペーションに関わる活動において，
知性や道徳性を直接的に指導されたわけではなく，「自分たちのグループが食事
をする」という社会的目的に社会的関心を向け，知性や道徳性に関わるさまざ

まな力を発揮し，伸長させていったのである。ただし，小学校低学年の子ども
を対象とする生活科では，活動の目的の社会的側面が過度に強調されることで，
子どもが個々の思いや願いをもって活動に取り組む側面が損なわれる可能性が
ある。そのため，まずは社会的目的よりも個々の子どもの生活に関わる関心や
目的を重視することが必要となる。

　第二に，現在の子どもの活動と照らし合わせ，他教科等で扱われる個別的な
知識や技能を，社会生活における子どもの活動の発展に資するものとして再構
成するという心理化を行うことである。本章第1節で取り上げたように，汎用
的な思考力などの汎用的能力は独立して実体的に存在するものではなく，各教
科等で教える個別的な知識や技能がさまざまな状況や文脈に結び付いて機能す
るものである。したがって，他教科等で扱われる個別的な知識や技能と子ども
の活動との関連を吟味することなく，教科横断的な視野から汎用的な思考力の
育成を図ろうとしても，要素的資質・能力観に陥ってしまう。デューイの主張
を言い換えて述べるならば，要素的資質・能力観を克服し，教科横断的な視野
から認知的能力と非認知的能力の一体的育成を図るためには，「子どもの汎用的
な資質・能力をどのように育成するのか」を問う前に，「子どもの活動にとって
その教科および知識・技能とは何か」を問う必要がある。このように他教科等
で扱われる個別的な知識や技能を心理化することによって，個々の子どもが生
活に関わる関心や目的のために，または社会的目的のために社会生活における
活動を発展させていくことに資するような認知的能力と非認知的能力を一体的
に育成することができる。

　生活科にとって資質・能力論は，「魅力」と「魔力」を併せもっている。私
たちが教育実践を通して子どもの資質・能力をいかに育成するのかを考えてい
けばいくほど，私たち自身の資質・能力観が問われることとなる。

（中村仁志）

【付記】

本研究はJSPS科研費 JP22K02644 の助成を受けたものである。

【注】

1) Mayhew, Katherine Camp & Edwards, Anna Camp, *The Dewey School: The Laboratory School of the University of Chicago 1896–1903*, Atherton Press, 1965, pp.406–407. (Originally published, D. Appleton-Century Company, 1936) 本書を訳出する上で，小柳正司監訳『デューイ・スクール──シカゴ大学実験学校：1896年–1903年──』（あいり出版，2017年）を参照した。

2) 中野真志「欧米における新教育運動の思想と歴史」日本生活科・総合的学習教育学会編『生活科・総合的学習事典』，渓水社，2020年，6〜7頁。

3) 拙稿「『資質・能力』時代における総合的学習の展望」中野真志・加藤智編『生活科・総合的学習の系譜と展望』第2版，三恵社，2021年，182頁。

4) OECD, *Skills for Social Progress: The Power of Social and Emotional Skills,* OECD Skills Studies, OECD Publishing, 2015, p.34. 本書を訳出する上で，無藤隆・秋田喜代美監訳『社会情動的スキル　学びに向かう力』（明石書店，2018年）を参照した。

5) *Ibid.*, p.34.

6) 経済協力開発機構（OECD）編著，無藤・秋田監訳，上掲書，3頁。

7) 小塩真司は「スキル」には「訓練や教育によって変容しやすいニュアンスが含まれる」一方で，「能力」には「それよりも変わりにくいニュアンスが含まれる」と述べている（「非認知能力とは」小塩真司編著『非認知能力──概念・測定と教育の可能性──』，北大路書房，2021年，5頁）。本章では，資質・能力は教育実践を通して育成可能ではあるものの，直接的な指導によって育成することは難しいという意味を込めて，認知的能力ないし非認知的能力の語を用いる。

8) 奈須正裕「教育課程編成の基本原理」奈須正裕・坂野慎二編著『教育課程編成論新訂版』，玉川大学出版部，2019年，34頁。

9) 同上論文，36頁。

10) 同上論文，36〜37頁。

11) 中内敏夫『中内敏夫著作集Ⅰ　「教室」をひらく──新・教育原論──』，藤原書店，1998年，95〜97頁。

12) 本田伊克「学校で『教える』とは，どのようなことか」久冨善之・長谷川裕編『教育社会学　第二版』，学文社，2019年，47頁。

13) 石井英真「資質・能力ベースのカリキュラム改革をめぐる理論的諸問題──教育的価値を追求するカリキュラムと授業の構想に向けて──」『国立教育政策研究所紀要』第146集，2017年，110頁。

14) 奈須正裕「コンピテンシー・ベイスの教育が抱える可能性と危うさ」教育哲学会『教育哲学研究』第119号，2019年，5頁。

15) 吉永紀子「総合的な学習で育てる『資質・能力』と文脈を超えてゆく学び――いまこそ問われる総合の学びのゆくえ――」グループ・ディダクティカ編『深い学びを紡ぎだす――教科と子どもの視点から――』，勁草書房，2019 年，114 頁。

16) 石井英真，上掲論文，113 頁。

17) 「魅力」と「魔力」という表現は，荒井英治郎『「法」のなかで生きる教員とは？ ――ブレーキ／モーターとしての法――」（井藤元編『ワークで学ぶ教職概論』，ナカニシヤ出版，2017 年，pp.70–83）から示唆を得た。

18) 藤井千春『問題解決学習で育む「資質・能力」――誠実な対話力，確かな情動力，互恵的つながり力――』，明治図書出版，2020 年，59 頁。

19) 遠藤利彦研究代表者「非認知的（社会情緒的）能力の発達と科学的検討手法についての研究に関する報告書」第 2 版，国立教育政策研究所，2021 年，15 頁。

20) Dewey, John, "Ethical Principles Underlying Education," 1897a, Boydston, Jo Ann (Ed.), *The Early Works: 1882–1898*, Vol. 5: 1895–1898, Southern Illinois University Press, 1972, pp.54–83.
本論文を訳出する上で，上野正道・村山拓訳「教育の根底にある倫理的原理」（上野正道訳者代表『デューイ著作集 6 教育 1 学校と社会，ほか』，東京大学出版会，2019 年，47～78 頁）を参照した。

21) 小柳正司『デューイ実験学校における授業実践とカリキュラム開発』，あいり出版，2020 年，11～13 頁。

22) デューイ実験学校における知性と道徳性の一体的涵養という本章の主題に関わる先行研究として，中野真志の研究が挙げられる。中野はこの研究の中で，「デューイと実験学校の教師たちは，学習の知的な成果が行動において実用的な力となるために，それらが品性と生き生きと結びつくような学校の理念と雰囲気，教授方法等を追求したのである」というように，知性と道徳性の一体的涵養に関わる重要な指摘を行っている（「デューイ実験学校（1896–1904 年）におけるモラル教育」愛知教育大学『愛知教育大学研究報告』第 51 輯（教育科学編），2002 年，12 頁）。本章の議論は，このような中野の研究に学びつつ，その中で十分に論及されていない，知性と道徳性の一体的涵養を図る活動の指導に関わる具体的な論理を導出する点に意義がある。

23) Dewey, John, op.cit., 1897a, p.60.

24) 拙稿「シカゴ大学時代のデューイ思想の活動構成論としての再構成」愛知教育大学生活科教育講座『生活科・総合的学習研究』第 18 号，2022 年，17 頁。

25) Dewey, John, op.cit., 1897a, p.63. 強調原著者。

26) Ibid, p.62.

27) Ibid, p.63.

28) Ibid, p.75.

29) Ibid, p.79.

30) Ibid, p.80.

31) Ibid, p.66.

32) Dewey, John, *The School and Society*, 1899a, Boydston, Jo Ann (Ed.), *The Middle Works: 1899–1924,* Vol. 1: 1899–1901, Southern Illinois University Press, 1976, p.92.
本書を訳出する上で，北田佳子・黒田友紀訳「学校と社会」（上野正道訳者代表，上掲書，119〜242頁）を参照した。

33) *Ibid.*, p.95.

34) *Ibid.*, p.92.

35) *Ibid.*, p.92.

36) *Ibid.*, pp.92–93.

37) *Ibid.*, p.93.

38) 拙稿，上掲論文，2022年，14頁。

39) 同上論文，17頁。

40) Dewey, John, "The Psychological Aspect of the School Curriculum," 1897b, Boydston, Jo Ann (Ed.), *The Early Works: 1882–1898,* Vol. 5: 1895–1898, *op. cit.*, p.169. 強調原著者。

41) Dewey, John, op.cit., 1897a, p.74.

42) Dewey, John, "Play and Imagination in Relation to Early Education," 1899b, Boydston, Jo Ann (Ed.), *The Middle Works: 1899–1924*, Vol. 1: 1899–1901, *op. cit.*, p.340.

43) Mayhew & Edwards, *op. cit.*

44) 小柳正司は，幼児教育段階の4〜5歳と小学校最初の2学年を合わせたデューイ実験学校の前期初等教育が，知性の開発を行う主知主義的性格を有していたことを明らかにしている（「デューイによるフレーベル主義幼稚園教育批判と前期初等教育の構想──デューイ実験学校の主知主義的性格を理解するために──」日本デューイ学会『日本デューイ学会紀要』第56号，2015年，51〜61頁）。

45) Dewey, John, op.cit., 1897a, p.77.

46) Ibid., p.76.

47) Ibid., pp.76–77.

48) Mayhew & Edwards, *op.cit.*, pp.66-67.

第2章　各教科　第5節　生活 （平成29年3月）

第1　目標

　具体的な活動や体験を通して，身近な生活に関わる見方・考え方を生かし，自立し生活を豊かにしていくための資質・能力を，次のように育成することを目指す。

(1) 活動や体験の過程において，自分自身，身近な人々，社会及び自然の特徴やよさ，それらの関わり等に気付くとともに，生活上必要な習慣や技能を身に付けるようにする。

(2) 身近な人々，社会及び自然を自分との関わりで捉え，自分自身や自分の生活について考え，表現することができるようにする。

(3) 身近な人々，社会及び自然に自ら働きかけ，意欲や自信をもって学んだり生活を豊かにしたりしようとする態度を養う。

第2　各学年の目標及び内容

〔第1学年及び第2学年〕

1　目標

(1) 学校，家庭及び地域の生活に関わることを通して，自分と身近な人々，社会及び自然との関わりについて考えることができ，それらのよさやすばらしさ，自分との関わりに気付き，地域に愛着をもち自然を大切にしたり，集団や社会の一員として安全で適切な行動をしたりするようにする。

(2) 身近な人々，社会及び自然と触れ合ったり関わったりすることを通して，それらを工夫したり楽しんだりすることができ，活動のよさや大切さに気付き，自分たちの遊びや生活をよりよくするようにする。

(3) 自分自身を見つめることを通して，自分の生活や成長，身近な人々の支えについて考えることができ，自分のよさや可能性に気付き，意欲と自信をもって生活するようにする。

2 内容

1の資質・能力を育成するため，次の内容を指導する。

〔学校，家庭及び地域の生活に関する内容〕

(1) 学校生活に関わる活動を通して，学校の施設の様子や学校生活を支えている人々や友達，通学路の様子やその安全を守っている人々などについて考えることができ，学校での生活は 様々な人や施設と関わっていることが分かり，楽しく安心して遊びや生活をしたり，安全な登下校をしたりしようとする。

(2) 家庭生活に関わる活動を通して，家庭における家族のことや自分でできることなどについて考えることができ，家庭での 生活は互いに支え合っていることが分かり，自分の役割を積 極的に果たしたり，規則正しく健康に気を付けて生活したりしようとする。

(3) 地域に関わる活動を通して，地域の場所やそこで生活したり働いたりしている人々について考えることができ，自分たちの生活は様々な人や場所と関わっていることが分かり，それらに親しみや愛着をもち，適切に接したり安全に生活したりしようとする。

〔身近な人々，社会及び自然と関わる活動に関する内容〕

(4) 公共物や公共施設を利用する活動を通して，それらのよさを 感じたり働きを捉えたりすることができ，身の回りにはみんなで使うものがあることやそれらを支えている人々がいることなどが分かるとともに，それらを大切にし，安全に気を付けて正しく利用しようとする。

(5) 身近な自然を観察したり，季節や地域の行事に関わったりするなどの活動を通して，それらの違いや特徴を見付けることができ，自然の様子や四季の変化，季節によって生活の様子が変わることに気付くとともに，それらを取り入れ自分の生 活を楽しくしようとする。

(6) 身近な自然を利用したり，身近にある物を使ったりするなど して遊ぶ活動を通して，遊びや遊びに使う物を工夫してつくることができ，その面白さや自然の不思議さに気付くとともに，みんなと楽しみながら遊びを創り出そうとする。

(7) 動物を飼ったり植物を育てたりする活動を通して，それらの育つ場所，変化や成長の様子に関心をもって働きかけることができ，それらは生命をもっていることや成長していることに気付くとともに，生き物への親しみをもち，大切にしようとする。

(8) 自分たちの生活や地域の出来事を身近な人々と伝え合う活動を通して，相手のことを想像したり伝えたいことや伝え方 を選んだりすることができ，身近な人々と関わることのよさや楽しさが分かるとともに，進んで触れ合い交流しようとする。

〔自分自身の生活や成長に関する内容〕

(9) 自分自身の生活や成長を振り返る活動を通して，自分のことや支えてくれた人々について考えることができ，自分が大きくなったこと，自分でできるようになったこと，役割が増えたことなどが分かるとともに，これまでの生活や成長を支えてくれた人々に感謝の気持ちをもち，これからの成長への願いをもって，意欲的に生活しようとする。

第3　指導計画の作成と内容の取扱い

1　指導計画の作成に当たっては，次の事項に配慮するものとする。

(1) 年間や，単元など内容や時間のまとまりを見通して，その中で育む資質・能力の育成に向けて，児童の主体的・対話的で深い学びの実現を図るようにすること。その際，児童が具体 的な活動や体験を通して，身近な生活に関わる見方・考え方を生かし，自分と地域の人々，社会及び自然との関わりが具体的に把握できるような学習活動の充実を図ることとし，校外での活動を積極的に取り入れること。

(2) 児童の発達の段階や特性を踏まえ，2学年間を見通して学習活動を設定すること。

(3) 第2の内容の (7) については，2学年間にわたって取り扱うものとし，動物や植物への関わり方が深まるよう継続的な 飼育，栽培を行うようにすること。

(4) 他教科等との関連を積極的に図り，指導の効果を高め，低学 年における教育全体の充実を図り，中学年以降の教育へ円滑 に接続できるようにするとともに，幼稚園教育要領等に示す 幼児期の終わりまでに育ってほしい姿との関連を考慮すること。特に，小学校入学当初においては，幼児期における遊び を通した総合的な学びから他教科等における学習に円滑に移行し，主体的に自己を発揮しながら，より自覚的な学びに向かうことが可能となるようにすること。その際，生活科を中心とした合科的・関連的な指導や，弾力的な時間割の設定を 行うなどの工夫をすること。

(5) 障害のある児童などについては，学習活動を行う場合に生じる困難さに応じ

た指導内容や指導方法の工夫を計画的，組織的に行うこと。
- (6) 第1章総則の第1の2の（2）に示す道徳教育の目標に基づき，道徳科など との関連を考慮しながら，第3章特別の教科道徳の第2に示す内容について， 生活科の特質に応じて適切な指導をすること。

2 第2の内容の取扱いについては，次の事項に配慮するものとする。

- (1) 地域の人々，社会及び自然を生かすとともに，それらを一体的に扱うよう学 習活動を工夫すること。
- (2) 身近な人々，社会及び自然に関する活動の楽しさを味わうとともに，それら を通して気付いたことや楽しかったことなどについて，言葉，絵，動作，劇 化などの多様な方法により表現し，考えることができるようにすること。ま た，このように表現し，考えることを通して，気付きを確かなものとしたり， 気付いたことを関連付けたりすることができるよう工夫すること。
- (3) 具体的な活動や体験を通して気付いたことを基に考えることができるように するため，見付ける，比べる，たとえる，試す，見通す，工夫するなどの多 様な学習活動を行うようにすること。
- (4) 学習活動を行うに当たっては，コンピュータなどの情報機器について，その 特質を踏まえ，児童の発達の段階や特性及び生活科の特質などに応じて適切 に活用するようにすること。
- (5) 具体的な活動や体験を行うに当たっては，身近な幼児や高齢者，障害のある 児童生徒などの多様な人々と触れ合うことができるようにすること。
- (6) 生活上必要な習慣や技能の指導については，人，社会，自然及び自分自身 に関わる学習活動の展開に即して行うようにすること。

執筆者 ──

■ 中野　真志　愛知教育大学教授 ……………………………………… 第 1・3 章
■ 西野雄一郎　愛知教育大学准教授 …………………………………… 第 2・6 章
■ 加藤　　智　愛知淑徳大学准教授 …………………………………… 第 4 章
■ 金津　琢哉　東海学園大学教授 ……………………………………… 第 7 章
■ 神谷　裕子　東海学院大学講師 ……………………………………… 第 5 章
■ 中村　仁志　岡崎女子大学助教 ……………………………………… 第 8 章

(所属等は 2023 年 3 月 20 日現在)

編　者

■ 中野　真志（なかの　しんじ）
　　大阪市立大学大学院文学研究科 (教育学専攻)
　　博士課程単位取得退学
　　現　在　　愛知教育大学生活科教育講座教授・文学博士
　　　　　　　日本生活科・総合的学習教育学会副会長

■ 西野　雄一郎（にしの　ゆういちろう）
　　愛知教育大学大学院教育学研究科
　　(学校教育専攻生活科教育分野)
　　修士課程修了
　　現　在　　愛知教育大学生活科教育講座准教授

資質・能力時代の生活科
知性と社会性と情動のパースペクティブ

2023 年 3 月 20 日　初版発行

編　著　　　中野　真志
　　　　　　西野雄一郎
発行所　　　株式会社　三恵社
　　　　　　〒 462-0056 愛知県名古屋市北区中丸町 2-24-1
　　　　　　TEL 052-915-5211　FAX 052-915-5019
　　　　　　URL https://www.sankeisha.com